U0146484

〔英〕海伦·鲍桑葵　著
吴安新　杨颖　于宜芃　译
于宜芃　校

鲍桑葵传

Bernard Bosanquet: A Short Account of his Life

Helen Bosanquet

Helen Bosanquet

BERNARD BOSANQUET

A Short Account of his Life

Macmillan and Co., Limited, 1924

根据麦克米兰出版公司 1924 年版译出

目　录

他渴望帮助别人,有时提出建议,有时以实际行动,希望能共同享有最高的善。所以首先,他会努力赢得他们的爱,而非赢得他们的崇拜,好使某一学说以他的名字命名,也绝非想让人嫉妒。在日常谈话中,他也避免提到人们的罪恶,而只是谨慎地偶尔谈谈人类的软弱无力。同时,他会花大力气,谈人类的美德或力量,谈论如何使其更完美,这样人们便可能尽量努力遵循理性的律令而生活,但既非出于恐惧,也非出于厌恶,而是单纯基于快乐。

(斯宾诺莎:《伦理学》)

使人成为哲学家的并非聪明才智或者辛勤学习,而是某种精神、开放的思维、细致的工作,和对浅薄的憎恨。我们中的每个人,只要具备真正的哲学精神,不管处在什么样的境遇中,都能成为真正意义上的——用柏拉图的名言来说——“所有时代和存在的观察者”。

(鲍桑葵:《逻辑要义》)

前　言

这本简短传记讲述了我先生的一生，我将它献给他的朋友以及所有曾受其理论影响的人。在本书中，我并未过多提及他的哲学思想，不仅是能力不及，也因为他不止一次提到，不想要一本过于繁复的长篇传记。他曾说过，他已经把自己最好的那面都写进了他的书里，没有必要把之前写进书里的内容再重复一遍。但他并不反感一本简短的回忆录。

R. L. 内特尔希普（R. L. Nettleship）曾在一封信中写道："如果一个人能完全根据自己的理论和信仰来生活，那么，任何著作与之相比，都会黯然失色。"我尝试向大家表明，伯纳德一直在按照他的理论和信仰来生活。如果我能成功做到这一点，相信对大家理解他的著作会有些许助益。很多人虽不能理解他哲学的全部意义，但却受到了他生命之美的深刻影响，因此，我也相信：对其生命、哲学的发展和终结之处的记述，可以帮助他们更好地了解他的一生和他的哲学。

我衷心地感谢那些朋友，他们允许我援引他们的信件和回忆录，尤其是 A. C. 布拉德利（A. C. Bradley）教授，在本书写作过程中，他阅读了我的手稿，并给予我极大的鼓励和诸多建议。

海伦·鲍桑葵

第一章　家乡与求学：1848 年至 1867 年

[3] 巨石(Rock)镇位于诺森伯兰(Northumberland)郡东北角、阿尼克(Alnwick)北边 5 英里处，距离东海岸大约 3 英里，距离边境线大约 40 英里。整个小镇都属鲍桑葵家族的地产，包含 5 个农场——总共大约 2000 英亩，伯纳德·鲍桑葵和他的 4 个兄弟居住的村庄和庄园位于正中间。

小镇有着久远的历史，最远可以追溯到 13 世纪。最初居住在庄园以及坚固塔楼的一代又一代人或多或少地都经历过骚乱，大都卷入过边境冲突或者斯图亚特王朝的内战。直到 1804 年，鲍桑葵家族才拥有了这片地产；但那个地方的传统保持得很好，小教堂中的古迹也总能使孩子们切身感受到那些古老传统。1752 年的一场大火把原来的房屋烧成了灰烬，只留下些许断壁残垣。1819 年，伯纳德的祖父查尔斯·鲍桑葵(Charles Bosanquet)[4]重建了那片庄园，他在原来的塔楼周围增建了现在的住所。不仅如此，他还重建了那个小村庄；可以说正是鲍桑葵家族建造了现在的巨石镇。人们一眼就能看到海拔 300 英尺左右的鲍府，周围环绕着欧椴树、七叶树、白蜡树、悬铃木等各种树木。花园外面是一片小树林，被称为柳树林或柳树谷，一到春天，便有野生雪莲花盛开，十分宜人，是孩子们最喜欢的游乐场。有一次，有人问伯纳德巨石镇的土是不是黏土。伯纳德说，据他所知，黏土只分布在分隔小树林和花园的那条小溪旁边；他记得那些是因为每当他们需要黏土做些男孩子的游戏时，就会去那里寻找。在小树林里，每个孩子都有一棵自己的树。他父亲在 1868 年 1 月 8 日的日记中写道："园丁把属于伯纳德的橡树移到了柳树谷的深处。"多年以后，他带我去看了他的那棵树。

坐落在车道附近的小镇建立在石灰岩之上，这也是小镇名字的由来，不过村里的房屋是由取自附近采石场的砂石而搭建的。那个小地方非常漂亮，14 栋农舍一字排开，就像一抹绿与公路截然分开，对面就是那座历史悠久的小教堂。村子里的居民有些在家庭农场中劳作，有些受雇于鲍府，当木匠、铁匠、牧羊人、猎人、园丁、马车夫、农场工人或劳力。鲍府和村庄相互依存，感情深厚，一些仍然在世的老人还记得，当时放学归家的孩子们给整个村庄的生活带来了活力。就是在那里，伯纳德懂得应该尊重体力工作者，这也成为他的政治和社会观点的一大特征。他曾在一封私人信件中写道："从我对当地人的回忆来说，我十分厌恶一些人谈论并把乡村劳力刻画成'庄稼汉'(hodge)。"

在鲍府远处，有条长达一英里半的林荫大道，这一通向村庄的大道自然成了鲍府的天然入口，在靠马车出行的年代里，走这条路可以直接到达北边的大路，但它现在几乎已经被废弃了。鲍府的另一个优势在于紧邻东海岸，步行即可到达邓斯坦伯勒(Dunstanborough)和恩布莱顿(Embleton)。孩子们在生日或其他家庭节日时都会被带去那里或北边稍远的地方野餐。

鲍桑葵家族在一等管家的管理下，一直耕种这片地产里的

6 大片农田，并且越种越多。种植完全遵循类商业模式，十分高效，伯纳德终生都对这种模式非常满意。每当听到或者读到有人抱怨农耕难以获得回报时，他都会提到这一种植模式。还有一件事也值得一讲：鲍桑葵家族的每个成员，不管老少，都对体力劳动抱有浓厚的兴趣。可能正是由于这一点，整个家族在思想和行为方面都养成了务实的作风。他的父亲在1860年1月16日的日记中记录了一个看似微小但不容忽视的例子：伯纳德11岁时"远足去参观位于南部农场的排水口；游览了荒野以及一些其他地方的排水口，晚上8点10分借着星光回到家中"。他晚年时十分忧心切尔西(Chelsea)贫民区的卫生状况，虽然距离当年那次乡间远足已经过去了很久，但考虑到他一生所奉行的生活态度始终如一，二者的关系显而易见。

1月份那次远足是"借着星光回到家中"的，本身就很好地说明了这一家族的积极进取习惯，因为当时天气十分恶劣，道路常常被大雪阻断，有时满是泥泞，难以通行。它发生在70年前而不是现在，这就更为重要。当时阿尼克既是大多数旅程的起点，也是大多数旅程的终点，因为阿尼克是铁路交会处，人们都要先长途跋涉到阿尼克再出发，或者先到达阿尼克再归家结束旅程。在湿滑或者被大雪封住的路上驾车非常困难，因此7 行程也常常延误，有时必须卸下马车的轮子，换上滑板。在这种情况下，冬日里从学校返家的旅程可以说是一场冒险。

1848年6月14日，伯纳德·鲍桑葵生于此地；他8月6日受洗，"和往常一样，村民得到了茶和糖果这些小礼物"。他什么时候从育婴院住进那个后来一直属于他的塔楼小房间，我并不知晓，但他所有早期的记忆和情感都与那个小房间密不可分。窗子打开，便和周围的石墙融为一体，难以分辨。冬天，窗外雪花飘落；夏天，黄蜂在常春藤间觅食。他一生中多次回到这个小房间，在他父亲去世之后的很长一段时间里，巨石镇始终是他和他的兄弟们的家园，直到后来租给别人。他对那个家充满依恋，在他的记忆里，那里是他整个生活和思想经历的永久性背景。他古稀之年写信给一位在那里长大的侄女说："在巨石镇或者巨石荒野过圣诞节毫无疑问令人非常愉快。我们对那个地方的记忆、我们家族在那里共同努力的记忆，是多么幸福快乐呀！我们何其有幸能拥有那些记忆。希望它会那样延续下去，会比以前更好。"1912 年 8 月，在给他的一位侄子，也就是巨石镇现任主人的信中，他写道："我们能对你有所帮助，这本身就是奖赏。人老了，最重要的事仿佛就是能够对别人有所帮助。当然，家族成员之间的互相帮助很重要——如果一个人就能顶起一片天，那巨石镇为什么要创造和生育我们呢？" *8*

鲍桑葵与其祖先和后辈都非常幸运。从他的父系来说，他有教养良好的胡格诺派出身，其祖先在《南特敕令》(Edict of Nantes)废除后来到英国。他的母亲出身于苏格兰麦克道尔(MacDowall)家族，所以英格兰、法兰西和苏格兰血统在他体内快乐地交织在一起。"我不认为他是英国人，"我们在瑞士遇到的一个德国人曾经这样说，"他太生动了。"尽管这个形容词用得不太恰当，但的确表明了使其谈话独具魅力的思想与行为上的机敏。他的深层次品质，如毫不动摇的学术诚信、坚定不移的性格以及哲学上的天才，都显露出胡格诺和苏格兰的痕迹。

他的父亲R. W. 鲍桑葵(R. W. Bosanquet)牧师，毫无疑问也才思敏捷并善于行动。他留下了一系列坚持多年的短篇日记，日记间接显示出他兴趣多样，简直到了令人称奇的地步。他早 9 年生活在林肯郡(Lincolnshire)；搬到巨石镇之后，他也一直在那里或伦宁顿(Rennington)联合教区服务，此外他常年为村民演讲，有时也在阿尼克演讲，这些演讲通常讨论他热切支持的对外传教工作。他定期参加巡回法庭，对限制售酒的问题兴趣浓厚。除了事无巨细地打理巨石镇的产业，他还监管着另一个位于埃塞克斯(Essex)的小产业，每年要去个两三次。同时，他还密切关注教会和学校的福利事业。在巨石镇，他孜孜不倦地进行各项改造工作，例如修复教堂，拓宽排水道。私底下他非常关心他的工人。他仔细、慎重地考虑着孩子们现在以及将来的幸福。他的日记里总是把每个孩子归家和返校视为大事，甚至还记录了他们幼时调皮捣蛋的事迹和经受的磨难。孩子们放假之后，他每天都要抽出一两个小时，帮助他们复习某个科目，“带乔治和伯纳德去画画”这一条反复出现，还有一些提到了拉丁语散文、诗歌、古希腊戏剧、威尼斯历史和欧几里得，充分展示了他多样的文化兴趣。他也常常参与孩子们的娱乐项 10 目——射箭、板球、滑冰、骑马；在伦敦的时候，他会带他们参加各种流行的娱乐活动。

他和他的儿子们一样酷爱读小说和各种更为严肃的文学。在去伦敦旅游时，他常常光顾剧院、艺术馆以及教堂；他也喜欢在国内外旅行。随着他渐渐老去，听力日渐衰退，他的活动逐渐受限，最后他几乎什么也听不见了，交流变得十分困难。

可能出于这个原因，较为年幼的孩子们觉得他令人敬畏，与母亲和年长的哥哥们相比，他显得难以接近，因此，年长的哥哥们逐渐取代了他的地位。但在更为年轻的孙辈眼中，他是最为和蔼可亲、彬彬有礼的老绅士。

与伯纳德母亲相识的人都说她魅力迷人、能力出众。他自己过去也常常提到，正是因为母亲的早期教导，他才会萌生对诗歌的热爱，尤其是对莎士比亚的热爱。几年前，我收到了杰布(Jebb)夫人的来信，她自未出嫁时就与鲍桑葵的母亲熟识，她如此描述道："我向来认为，与其说伯纳德亲爱的母亲是位有能力的女性——尽管毫无疑问，她的确很有能力，不如说她是位有无限魅力的女性。在与他人交往的过程中，她总是温柔体贴，哪怕是一个词或者一个表情都十分注意，不愿意因此而冒犯别人。她精力充沛、生性活泼，每当她想到什么，脸上就会洋溢着快活的神情；而当她空虚无聊时，就会露出忧心忡忡或者暗淡乏味的表情，最后陷入紧张的焦虑中。我感觉这就像泛起涟漪的湖面，映射出每片云朵或阴影——然后在阳光中翩翩起舞。那是一张表情多样、极富表现力的面孔——她总是可以用浪漫主义的光环温暖她所爱之人，……(她)有时仅表情上就显得非常庄重严肃。"

11

在我手头的所有材料中，鲍桑葵母亲写给杰布夫人的一封信也许最能充分展现她的思想品质。那封信写于 1865 年 4 月 17 日，当时伯纳德 16 岁："伯纳德打算去威尔士过复活节。他简直太让我满意了，他的转变(?)和我的期望一模一样，他找到了和他年纪相当的朋友，两人在一起相伴相知，上帝赋予他(我的儿子)‘合乎主用’所需的品质。他觉得学习会令人愉悦，就像霍尔菲(Holfy)[①]和乔治一样，他常常认为自己‘不会取得很高的名次’，但结果却出奇地好。今年(我相信)我们不会去南边了。我待在家里，感觉非常开心：杜鹃花已经含苞待放，刺槐的玫瑰色花朵也已盛放。山月桂(Kalmia latifolia)马上就要开花了——我还从未听说它会开花呢。之前一直病恹恹的南欧瑞香(Daphne cneorum)如今也长满了花骨朵，最近我们把其中的一些移植到低层台阶的边上。我最近一直在饶有兴趣地读德比勋爵的《伊利亚特》(*Iliad*)[②]，尽管我多次读过蒲柏的版本，但这次的阅读还是给了我全新的体验。碰巧我也正在读《撒母耳记上》，我简直无法形容当我在一本书中读到有关赫克托耳(Hector)盔甲的描写、在另一本书中读到对歌利亚(Goliath)盔甲的描写时内心的震撼，好像它们都是由同一位腓尼基盔甲大师(Phoenician armourer)制造出来的。在两本书中，都提到了西顿(Sidon)和腓尼基人，这本身就非常有趣。我正在啃一块硬骨头——波利比乌斯(Polybius)的历史书，一本六卷四开本的法语译著，我还不确定能不能读下来。我对波利比乌斯只有一星半点的了解，但我非常喜欢他，我感觉自己需要在思想修养方面多下些功夫；人很容易懈怠，变得无所事事。”这些信的很多内容都让我们想起伯纳德。不仅仅是对荷马以及希腊历史和园艺的兴趣，更重要的是为别人考虑的心。村子里的很多老人至今仍记得，他年幼

12

---

① 即霍尔福德。——译者注

② 该书为1865年出版的 *The Iliad of Homer, Rendered into English Blank Verse*，译者为三度担任英国首相的第十四代德比伯爵爱德华·乔治·杰弗里·史密斯-斯坦利(Edward George Geoffrey Smith-Stanley, 14th Earl of Derby, 1799—1869)。——译者注

时说话的声音非常像他的母亲。

他哥哥乔治在1864年给朋友的一封信中，曾提及母亲对他们的影响："你曾经想让我给你描述下我那位于美丽北方乡村的家园……我生在那里，和四个兄弟一起在那里生活，没有姐妹。在我记忆里，我们从未争吵过，连难听的话都没有说过。这多亏了我们母亲慈爱有加的管教。"也许这种兄弟间的交往图景过于柔和了。不过，他们活跃的心灵往往会以活跃的方式展现出来，无论是在孩提时代，还是在后来，他们都有过多次激烈争论。但毋庸置疑，他们一直是一个团结友爱的家庭。

13

彬彬有礼、勤奋刻苦、有规有矩，这是整个家族的家风，这些品格一同作用于如此优良的材料上，其结果可想而知。在此基础上，我们再增加一项——我之前提到过的"高效的合作精神"，那么，"共同生活的艺术"(the art of living together)所需的所有品质就都齐了，而这些也是伯纳德最后一篇论文的内容，是他为哲学做的最后贡献。他谈到儿时家园对于其作品的影响时说："生活在那里的几代人都奉行一种务实的工作作风以及真诚合作、睦邻友好的精神。赫胥黎(Huxley)曾说过(我仅凭记忆复述)：'如果你想教孩子什么是科学，那么应该让他自己感受磁铁的吸力。'因此，我从童年开始就在持续感受的合作精神，即福莱特(Follett)小姐所说的'共同生活的艺术'，就是社会理论的合理起点。……所以'共同生活的艺术'也是如此。每天越来越习惯于此，持续讨论并思考它的失败和成功以及成败各自的原因，如柏拉图所说，'当原则出现时'，会引领你进入充满问题的世界，凭良心说，这些问题复杂而难解，但其中一个

14

问题的秘密大体上却是公开的秘密。”①

兄弟五个如今都已去世。只有长兄查尔斯(Charles)是鲍桑葵牧师第一任太太所生。他继承了家族的庄园，延续着家族的所有美好传统。伯纳德十分尊重并爱戴这位比他大15岁的哥哥，几乎视其为家长。

霍尔福德(Holford)，鲍桑葵的二哥，极富科学和音乐天赋，在牛津圣约翰学院担任研究员。与其他兄弟不同，他多数假期时间都在巨石镇度过，因为他一直致力于制作一架管风琴，以帮助村民组建管弦乐队。然后是戴(Day)，他是一名海员，也是兄弟中最和蔼可亲、最具仁爱之心的一位；他曾担任的最高职务是南澳大利亚州总督。伯纳德去世后没几个月，他也去世了，他是五个兄弟中最后一个去世的。乔治(George)是名士兵，英年早逝，据说是因为过劳。最后是伯纳德，他比乔治小三岁。

关于伯纳德的童年，几乎没有什么记录，但通过他父亲的一些日记和当年的信件，我们或多或少地可以了解一些他当时的家庭生活。我们可以回到1855年，当时他还是一个7岁的小男孩。巨石镇的庄园关闭了一段时间，可能是因为大规模的修葺，6月14日到10月12日这段时间，伯纳德一家都在日内瓦

15

① 本段最后一句话颇为难解，译者就此专门请教了《鲍桑葵全集》主编威廉·斯威特(William Sweet)教授。教授解释说，从语境看，此处存在两种认识方法的对比，即从现实生活经验出发以归纳法认识世界，与从抽象的第一原则出发演绎性地认识世界。如果采取前者，那么即使不知道任何第一原则，人们也能认识到生活的统一(unity)；但如果采取后者，则可能发现处处充满矛盾或处处是秘密，毕竟我们无法预先知晓会发生什么。但对鲍桑葵来说，他信奉的第一原则是在《生活与哲学》一文中阐述的“生活的具体统一”(the concrete unity of life)。尽管就形式而言，这也是个抽象的第一原则，但就其内涵而言，则以具体生活经验为基础。因而，在教授看来，之所以是“公开的秘密”，正是因为这种第一原则告诉我们的，恰恰是以归纳法观察生活可以获知的内容，反之亦然。——译者注

(Geneva)。先是伯纳德的父母和伯纳德一起坐马车从第戎(Dijon)启程；其余四兄弟在高中和大学放假后，同父母亲会合。关于他的这次也是首次出国之旅，伯纳德几乎没有什么记忆了，只记得白色公路发出刺眼的光芒。回到英格兰后，他们一家人在梅费尔格林大街(Mayfair Green Street)住了下来，圣诞节假期，一位家庭教师受雇负责照顾和监督孩子们。年长的哥哥们去拜访了一些亲戚，霍尔福德参加了一些化学讲座，年纪较小的孩子被带去参加了一些当时流行的开发智力的娱乐活动——全景圆形监狱(the Panorama and Panopticon)、“怀尔德球”①，以及著名猎狮者戈登·卡明(Gordon Cumming)的演讲。伯纳德和他的父亲亲眼见到了撒丁岛国王(the King of Sardinia)“坐敞篷马车”经过。戴被带去内政部拜访乔治·格雷(Geo. Grey)爵士：“他说他长高了，我们希望到他 13 岁的时候(可以成为海军学员)。”家族中较为年长的成员观看了《亨利八世》(*Henry VIII*)。伯纳德似乎得到了父亲的特殊照顾，他父亲的日记记录了他们两个一起做木匠活儿以及清晨带他出行的经历——可能因为他快要上学了，2 月 13 日，父亲“和亲爱的小伯纳德乘坐快车去约克(York)；然后沿着斯卡伯勒铁路线(Scarboro's line)去了舍本(Sherburn)。遇到了梅森(Mason)先生，还见到了梅森夫人、梅森小姐和他们家所有的小男孩”。 16

对于伯纳德这个如此敏感的孩子来说，7 岁就离家求学还是

① “怀尔德球”(Wyld's Globe)由地理学家詹姆斯·怀尔德(James Wyld，1812—1887)所建，外部呈球形，中部则内置梯子，以便游客登顶，俯瞰在球体表面成比例绘制的地球上的山川大河。该设施自 1851 年至 1862 年放置在伦敦的莱斯特广场(Leicester Square)。——译者注

太早了，而之所以这么早可能是因为他和其他哥哥的年龄差距太大，除了假期，家里没有人能陪伴他，也因为他的母亲在那段时间常常生病。他的母亲于1855年11月写给他长兄查尔斯的一封信，可以让我们了解她对这个最年幼儿子的想法："我现在还看不出伯纳德会否成为国家的骄傲(!)，又或者他只是一个普通孩子，只不过因为周围的人所以思想有所提升。他孩子气的错误中间混杂了与众不同的认识和感觉，这让我非常高兴，而我也十分担心这些都会消失。他去了学校后，我们可能再也听不到他所谓的用'无礼'(impudence)(推力[impetus])关门，人们'欣赏'(appreciating)东西——其实他想说拥有(take possession of)它们；也听不到他的各类问题，比如：尼罗河什么时候会'泛滥'(inund)[①]？'共和之前的罗马是不是有限的君主制'？他钟情于诗歌，这一点让我非常开心。那天，他在一本书中读到'河流啊河流'，因此欣喜若狂，想读给我听；他搜集的诗歌是他最爱不释手的放松读物之一。"

17 伯纳德在舍本的预科学校待了4年，1860年，他去了埃尔斯特里(Elstree)学校，待了1年或者8个月左右，1861年或者1862年，他去了哈罗(Harrow)公学。伯纳德很少谈及他早年的求学经历，只是有时会快乐地谈起他常常被托付给约克站站长照看。为了回报他的照顾，伯纳德会不时带些礼物，在等车期间，他常常待在站长办公室。伯纳德在日记里多次提到他兴高采烈地离校返家，我感觉他如此高兴不是因为学到了什么，而是因为回家。这段时间，他并不太喜欢学校生活，总是想回家。

① inund为inundate(泛滥，淹没)的废用拼法。——译者注

与其他孩子相比，他能更多地感受到，他从一个舒适惬意、团结友爱的环境被放逐到一个相对来说都是陌生人的环境，过着或多或少不那么舒适惬意的乏味生活。而且他不喜欢任何纯粹的外部限制，即任何不是他自身意志或判断赞同的要求，这是他的根本特征。他遵守纪律的意愿和能力不输于任何人，只要那是他能够理解的纪律。在他生命中的最后一年，当他在写作中谈论自己哲学发展历程时曾提到，他“强烈厌恶道德和哲学领域中任何带有机会主义和反复无常意味的事物。在所有生命更高层次中，在行为举止中，在宗教统一性中，在艺术中，在爱中，‘我是不得已的’[①]这句话似乎就是人类灵魂完全伸展状态下所要求和所具现的内容”。这也使得他非常厌恶任何人试图通过劝说、感化或者命令，将与他的信仰相悖的思想或做法强加于他。因此，他在学校的规则和其他年长孩子的暴政之下生活，心情肯定非常郁闷。另外，他对学校的比赛也向来不感兴趣，这使他显得有些异类。他不会逃避它们，他会用家族标志性的努力精神去做到最好；但他在心里讨厌它们，他的身体素质使他不擅长运动，但运动又是必修科目，这更使他压力倍增。一个典型事件便是：他在哈罗的最后一年准备在辩论社提出一个反对将足球作为必修项目的动议，但不巧的是，他将这份动议提交给了一位强烈支持必修足球的朋友，最终该项动议没有被提交给辩论社。他在孩提时代并不强壮，他对预科学校最深刻的记忆是一到冬天便因冻疮和不合脚的鞋子而痛苦万分。那时不像现在，一般没人会关注孩子的衣物是否舒适，他过去常说，直到后来自己选择衣

18

① Necessity laid upon me，语出《哥林多前书》9:16。——译者注

物，他才知道什么叫舒适。

19 在日记中，我们常常可以读到在巨石镇的愉快假期。孩子们一个接一个地从各自的学校归家。盛夏时节，孩子们骑上他们的小马出行，其中一篇写道："伯纳德去骑了马，并告诉我们他已经学会骑马跨越障碍了。"他们打板球，练习弓箭，长途远足并野餐，参观农场，拜访邻居。隆冬时节，他们在自家的大池塘或者法洛顿(Falloden)滑冰，和管家们一起出去学习射击；圣诞节会举行家庭聚会，也会和村民共同举办烟火或者篝火晚会等娱乐活动。随着他们渐渐长大，各自都有了自己独特的兴趣。例如，1867 年 1 月 2 日，日记记录道："整个上午都在下雪。霍尔菲在练习速记，制作他的管风琴模型；乔治在读历史，学下棋；伯纳德则在读各种类型的书。"

但不是所有假期都在巨石镇度过。伯纳德的父母常常在伦敦，孩子们很多时候会在那里和他们汇合；有时他们会去斯卡伯勒(Scarborough)、哈罗盖特(Harrogate)、阿伯里斯特威斯(Aberystwith)，或者拜访他们的表亲里普利的英吉尔比家族(the Ingilbys of Ripley)或者奥西奇的鲍桑葵家族(the Bosanquets of Osidge)。1867 年，伯纳德被带去曼彻斯特参观一个展览，在那里，他们度过了一个星期，"几乎每天都在参观并且是整天地"参观。他后来仍能记起那次旅行，只是记起的并非展览，而是

20 当时困扰自己不成熟心智的一些准形而上学难题。有人告诉他，他们的住所在"城中心"，但他很迷惑，别人是怎么知道那里是中心的呢？他以为他会在房间中找到一些明确的特征，表明那里确实是中心。我想，真正的麻烦在于他很难让别人理解他到

底在困惑些什么。

早年的那些朋友很多已不在人世。但父母这两边都曾有很多亲戚，家族里年轻成员之间的交流也十分频繁。厄尔利山谷的邓达斯家族(Dundases of Early Vale)就是其一，他们有一大家子的兄弟姐妹，个个都才华横溢、精明能干。他们很喜欢一种老式游戏——押韵游戏(bouts-rimés)，伯纳德在这方面的一些成就被保存了下来，从中可以看出他在诗歌方面有着惊人的天赋，让人扼腕的是除了少量翻译之外，他从未进行过诗歌方面的其他创作活动。

那段日子的其他朋友还有诺森伯兰郡邻近的其他家族，法洛顿和豪伊克(Howick)的克拉斯特家族(the Crasters)和格雷家族(the Greys)。晚年时期，伯纳德曾在写作中谈到他因为格雷女士罹患疾病而感到痛苦："我和他们不太熟，但我血脉带来的情感并没有消失。老乔治爵士(爱德的祖父)[①]是我童年时代崇拜的英雄。"

伯纳德在哈罗结交的朋友比上述朋友还要亲密。西德尼·佩勒姆(Sidney Pelham)、R. G. 塔顿(R. G. Tatton)、T. G. 鲁珀(T. G. Rooper)、C. B. 赫伯登(C. B. Heberden)是我最熟悉的几位；后三位和伯纳德一起升学去了牛津，他们四个一直被称为"哈罗四杰"。他结交了很多朋友，但最终他对这三位校友的感情最为深厚，思想交流也最为频繁。

21

① 老乔治爵士指乔治·格雷(George Grey，1799—1882)，第二代法洛顿从男爵，枢密院成员，曾在 4 位首相任下三度担任内政大臣共 13 年。爱德华·格雷(Edward Grey，1862—1922)，第一代法洛顿格雷子爵，英国自由党政治家，自 1905 年至 1916 年担任英国外交大臣。——译者注

1826年1月27日，他给他上一位导师写过一封信，我们可以据此确定他从埃尔斯特里升学进入哈罗的日期。“亲爱的老师，我排在第一等级，吉布森(Gibson)也是，但不幸的是，我们遇到了哈罗最野蛮的导师，无论我们去哪，都有人问我们怎样评价霍姆斯(Holmes)先生。考试中没有数学，所以我选了西塞罗(Cicero)和欧里庇得斯(Euripides)，允许带韵律典、拉丁词典和希腊语词汇表。韵文是四行的挽歌、两段诗节和几行西塞罗与欧里庇得斯的作品，每句有四个词需要做句法分析，我做的就是上述这些。我们，即埃尔斯特里，在考试中排名靠前，只有一个其他学校的同学排在第一等级，而他排在我们之后。再见，永远属于你的B. 鲍桑葵。”

伯纳德在哈罗的生活几乎找不到什么记录，上面提到的一位校友曾经这样评价他：“他是个安静的、不爱与人交往的男孩，他留给同学们的唯一印象是勤奋好学。”另一位朋友用文字描述了他很早的时候就已经显露出来的主要品格，他这样写道：“在我看来，不管是在牛津还是在哈罗，他都十分优秀：我永远也不会忘记他的善良体贴以及一直以来他对我的各种帮助。”有一次，伯纳德给我写信，谈及他的小侄子：“如果他在第五学级花费一年时间，在第六学级花上三年时间，那么，那时他17岁，我在哈罗时第六学级花了三年时间，比巴特勒(Butler)落后了二又四分之三年。以前，学生们在第六学级之前大都难以取得大的进步——现在情况不同了。”他和校长的关系非常融洽，他们之间感情深厚。关于这段岁月，我没能找到其他资料，之后就到了1866年6月28日演讲日。我们可以从他母亲的一封信中得知，那一天他收到了 27 本书和价值 10 英镑的奖牌。“你能理解，我作为他的妈妈，非常希望能够在 28 日南下去参加那个活动。”日记显示她的确去了，和她的丈夫以及其他家庭成员一起，“乘坐精致的马车”，出席了那个活动。那个金牌一直有些令人尴尬。在世界大战期间，它被捐给了红十字会，之后很可能被熔化了。

离开哈罗之后不久，他在足球场上伤到了膝盖，从此落下病根，之后一直没好。平时几乎没什么感觉，但他总会突然感到有些不适——我相信肯定是某个肌腱脱位了。他行动不便的病程时长时短，不过他从未让那次受伤干扰自己的日常行走，也从未让它干扰诸如网球或高尔夫球之类的运动，但他也不会冒险去做有难度的如攀爬之类的运动。那次受伤之后的几个月，他只能依靠拐杖行走。在贝利奥尔学院(Balliol)的奖学金考试中，他只能躺在垫子上答题。他过去常说，这对他来说是一个优势，尤其是在论文写作中，因为他只能慢慢写，因此不得不写得简短一些。无论如何，那次受伤并没有在实质上干扰他的成功，因为根据 10 月 26 日他父亲日记的记载：“霍尔菲的电报告诉我们伯纳德获得了奖学金；一共有三等奖学金，他获得了第二等，大约每年 75 英镑；也给 G. 爵士和夫人送去了消息。”12 月 31 日再次写道：“伯纳德仍然得靠垫子和拐杖；霍尔菲一直忙于他的管风琴模型。”1 月 21 日：“积雪很厚，20 个工人将其从山上清除。”23 日：“伯纳德离开我们，乘火车去了伦敦和牛津。约瑟夫乘三等马拉的马车去了 Chr. 银行。约翰·克里斯普(John Crisp)骑着一匹农场的小黑马，像个领导者。”

23

我们可以用他母亲的一封信来结束对他少年时代的记录，它写于1866年1月1日：“伯纳德风趣幽默，活力四射，勤奋好学。我从未见过哪个17岁的少年能像他一样。”这是对这个在学校里“安静的、不爱与人交往的男孩”的必要补充，让我们认识到，家庭相亲相爱的氛围对于他而言意味着什么。

第二章　牛津岁月：1867 年至 1881 年

四年大学生活对于伯纳德的发展来说至关重要。从哈罗到牛津，影响他的人从韦斯科特(Westcott)、巴特勒变成了 T. H. 格林(T. H. Green)。这一影响的铁证便是：尽管四位朋友都注定为教会而生，但他们没有一个进入教会，而是都进了贝利奥尔学院。其中之一的塔顿先生告诉我，他们去念大学时，带有批判性的怀疑主义潮流盛行；这一潮流可能更多是因为本杰明·乔伊特(Benjamin Jowett)，而非格林；这一潮流使他们拒绝接受正统基督教。长久以来，伯纳德的父母都在为他的职业生涯做打算，他们宗教感情深厚，对教会深信不疑；因此对他们来说，这无疑令人失望。1864 年，他父亲在日记中这样写道："我正在盘点我们的收入和花费，差不多已经决定要建立一个基金，每年支付 300 英镑，以购买日后服役所需的物品"(为了他当兵的哥哥)，"以及举荐担任圣职"。1870 年 12 月，日记简短地提及了伯纳德想法的变化，当时他刚刚拿到学位，成了大学学院的研究员，但没有任何迹象表明，他们的爱因这一失望情绪而蒙上阴影或者有所衰减。

从家族信奉的正统信仰转向哲学家们引领他开启的更广阔领域，在这一过程中，伯纳德也经受了诸多精神和道德训练。因为不管是从本性上，还是基于他所受的教育，他都笃信宗教，也从未放弃信仰的终极实在性。但二者不可避免的冲突，只会增进他对学生时代面临的崭新机会和更广阔视野的理解，从现存的为数不多提及这段时间的信件中，可以看出他非常享受大学学习生活。1877 年，他写信给朋友弗兰克·彼得斯(Frank Peters)(当时他是大学学院的研究员)说：“S. 给我写了一封长信，谈了他感觉非常糟糕的大学生的学习生活。他声称，他们既没有宗教信仰，也没有适宜的不信教态度，他认为应该利用周日时间做些什么，使他们得到一些健康的消遣！我很震惊，因为我满怀愉悦地回顾了一下我自己大学时的周日，我肯定我们当时已经足够辩证了。”

在稍晚点的 1899 年，他写信给一个侄女说：“我必须得给 26 你写上几句，庆祝你赢得了牛津大学的入校奖学金，尽管有点晚。不知道你何时会出发去牛津，但我想可能会在 10 月份。我非常确定你会在那里度过一段非常宝贵且愉快的时光。这段时光与生命中任何其他阶段都不同，它可以为整个生命增添色彩。虽然我并不认为‘奖学金’是大学中最有价值的部分，但我的确认为，大学入学时就获得一份公开竞取的奖学金会非常令人满意。这初步证明了，你有能力好好利用这个展现在你面前的机会，并在你身上加上了某项公众义务，我认为这是件好事。”1901 年，他再次写道：“想到现在女孩们拥有的美好时光和机会，我们就非常高兴。至少能有这样一段时期，思想可以在愉悦的环境中获得最好的滋养，这对你一生来说都无疑是恩赐。”这些信件可以反映出他对大学时期展现在自己面前的崭新机会和环境感到非常愉悦，他和他的大学同学都怀有这种愉悦心情。在这些同学中，除了最重要的三位和他一起入学的哈罗校友之外，还有 F. 彼得斯、C. S. 洛赫(C. S. Loch)、A. C. 布拉德利、E. 哈里森(E. Harrison)以及他后来入学的表亲莫里斯·斯特林(Morris Stirling)和大卫·邓达斯(David Dundas)。他们中只有两个尚在人世，但在伯纳德的余生中，他们和他一直都情同手足。他对于较为年轻的同代人有非常深远的影响，因为他的一个标志性特征就是他非常愿意把他的好东西——那些他认为最为有用的知识——分享给那些尚未获得它们的人，尤其是那些在他看来没能充分利用自己机会的人。他会不遗余力地去帮助他们，这不仅并未引起他们的不快，反而还激发了他们长久的感激之情。50 年后，他们中的一位在一卷诗集的致谢语中这样写道："这件事让我回味起在贝利奥尔极其幸福的岁月——(还有关于厄尔利山谷的零星回忆——押韵游戏!)那个时候，你对我太好了——相信我，我从未忘记你为我做的和尝试为我做的一切。你把我变成了优秀勤奋的学者；我很蠢，因此没拿到人文学科最终考试的第一等[①]，是你和心爱的老内特尔希普教会我如何运用我这样的头脑。"伯纳德欣赏性格坚毅的人；而如果他的朋友性格坚毅但身体孱弱，像他三个朋友的情况那样，他对他们的感情便会更加深厚和慈爱。

27

关于他的同代人对他的看法，我们可以从洛赫爵士在我们订婚之际写给我的信中略知一二："这让我想起大约 25 年前，当时伯纳德——我想你现在也这么称呼他吧——和我住贝利奥

28

① 当时的牛津古典学本科生如果想毕业，需通过两次考试。第一次是古典学初次考试(Honour Moderations of Classics，简称"Mods")，一般在第二学年结束时进行；第二次是人文学科最终考试(Honour School of Literae Humaniores，简称"Greats")，一般在第四学年结束时进行。——译者注

尔的同一楼层，我思想叛逆、见识浅薄，而他教养良好、过目不忘、才思敏捷、勤奋刻苦。我们的相遇是个奇迹。在任何方面，他都在我之上——在知识领域，无论我多么竭尽所能地提高自己，都难以望其项背。事实上，现在似乎依然如此，尽管我已经在慈善组织中拼搏了这么多年。”

在知识和能力方面，他给他的老师也留下了同样的印象。据说格林曾说，伯纳德是“他这一代人中最有天赋的人”。伯纳德过去常常说，他后来哲学的很大一部分研究成果都归功于格林务实且具体的教诲。他的两册手写论文可以进一步证明这一点，那些大学时期为了完成教师作业而写的文章，和根据格林布置的题目而写的论文，其中很多和当时的社会与政治问题相关。

他的大学生活和他之前的学校生活一样，获得了不计其数的成功和奖励。1870 年，他进入人文学科(Lit. Hum.)第一等级，当选为大学学院的研究员。当时，韦斯科特的贺信这样写道：“研究[29]员是人生的起点；独立工作的时段——谋生——就此开始。”对于伯纳德来说，事实的确如此，在大学学院担任研究员的 11 年间，他全心全意地进行他的哲学研究，尽心尽力地履行老师的职责。然而不可否认的是，牛津时期仍是他一生之事业的主要准备期。1881 年，他“找到了自我”后便离开了牛津，迁居伦敦。

当然，他在牛津的生活非常惬意，他和大学学院的朋友们交往尤其融洽，其中包括威廉·莫里斯①的朋友兼合伙人福克纳

---

① 威廉·莫里斯(William Morris)，英国纺织设计师、艺术家，促进了英国传统纺织艺术和生产方法的复兴。1961 年，他同福克纳等合伙创办了莫里斯·马歇尔·福克纳公司，从事家具和装饰艺术生产，在美术和工艺运动(Arts and Crafts Movement)中扮演了关键角色。——译者注

(Faulkner)，受他影响，伯纳德在艺术手工制品方面的欣赏能力日渐提高；以及和伯纳德性格迥异且热爱运动的亚瑟·登迪(Authur Dendy)——两人多次在奥克尼斯(Orkneys)结伴度过暑假。

但对他来说，牛津的吸引力不可能一直弥补家庭生活等其他事物的完全缺失，也可能有喜爱北方乡村生活的人难以忍受温和气候的原因。伯纳德离开牛津多年之后，面临着申请教授职位这一问题，这时他写信给他的朋友彼得斯说："牛津的确不适合我，除了你和一两个像你一样的朋友，几乎没有什么和我意气相投的社交圈。假如我听到我当选了，那应该是非常令人悲伤的时刻。……所以，也许我应该为自己而活，而如果我应该为自己而活，那么就不该忍着，这点你肯定也同意。"

30

可能最让他感到困扰的是，他不得不去教一些无心学习的人。他常常对比当时牛津大学本科生的精神状态与大学拓展课(University Extension)学生、苏格兰各大学——他后来曾经在那里任教——本科生的精神状态。他为人师表的天赋在苏格兰得到了完全展示，但在牛津，面对缺乏热情的学生，他的能力毫无用武之地。那时大学学院似乎更注重体育，而不是学习；当时讲座并不太受欢迎，尽管如此，伯纳德的性格、彬彬有礼的态度和良好的知识储备还是给他们留下了深刻的印象。而那些有能力理解他的人，终生都会感受到他的影响。J. 巴克沃斯(J. Barkworth)就是其中一个，他曾这样写道："我们认为他是胸怀大志、有高尚理念的人，超越了我们这个时代的任何人。"接着，他谈到了伯纳德的演讲："所有的演讲都经过精心准备，演讲过程中，演讲者思路清晰，沉着冷静，语速缓慢，言辞简练；秉持公正严谨的态度，从不墨守成规，但又竭尽全力地避免失之偏颇或者不精确的观点。”

31 另一位旧时的学生 W. E. 普莱特(W. E. Plater)牧师这样写道：“1872 年 10 月，我去大学学院读书，但直到 1874 年的夏天，我在古典学最后阶段(Final Classical Schools)修荣誉学位时才开始聆听伯纳德·鲍桑葵的教诲，才开始受到他的影响。接下来的两年里，他是我的导师、哲学家兼(如果以善意为标准)朋友。我参加了所有他讲授的‘人文学科最终考试’必修课程，以及默顿(Merton)学院 W. 华莱士(W. Wallace)的课程，此外我没有修任何其他课程。我在那里的所有成就都归功于他。不，还不止如此，如果说我现在‘已经渐渐成了哲学的信徒’，那这也应该归功于他。那些课程的大部分笔记我保留至今，每当看到那些笔记，我仿佛又跨越了近 50 年的光阴看到他：他站在那里，和当年上课时一样，向右边半转着身子，右胳膊放在壁炉台上撑着头(和卡莱尔[Carlyle]画像中的神态如出一辙)，左手拿着密密麻麻的手写教案，但他很少去看，因为他不是在读教案，而是一直在*思考*……最令我惊讶的是，回看当时的笔记，回想当时的收获，我发现，他的牛津课程中包含着很多他后期思想和教育理念的萌芽。尽管年岁日渐增长，但他一直在努力学习(这一点毋庸置疑，并且他肯定会第一个承认这一点)，而 32 且没有什么是他不学的。……即使在那些久远的日子里，他也总是从贝利奥尔带给我们一些新风气：他从不逃避任何问题，而是试图追本溯源；在他阐明自己的结论之前，他会向我们展示两边的论据……他不仅讲话非常有逻辑，而且竟然还具备非凡的幽默感……我对伯纳德·鲍桑葵感激不尽，自从他离开我们，我感觉世界变得更加贫乏了。”

虽然伯纳德总是兢兢业业地准备教案，但同学们很难跟上他的课程；最行之有效的方式是对他们进行个别辅导，因为这样，他可以一对一地处理他们的问题。当时另外一位大学生F.奥斯马斯顿(F. Osmaston)这样写道：“……我得到的最珍贵的教诲在性格方面——他带有的神秘气息(mystery)，并不弱于公正客观、睿智和仁慈等珍贵品质，但必要时又有着严厉的批判精神。”“神秘气息”似乎源于他“思想自由”的名声，这一名声对于那时候的大学导师(University Don)来说非同寻常，而他从未在小教堂出现，更使得学生们对于他的这一名声深信不疑。

他自己感觉，为他赢得这一名声的哲学观点使自己无法完全履行教师职责，而他又非常重视这一职责。他写信给彼得斯说：“克罗斯(Cross)和格雷(Gray)都给我写来了忧心忡忡的信，语调虽然轻松，但却预言了一些学院里阴暗惨淡的事情；我在想，我们是不是过于重视在入学考试中招满应试者了。我认为这里的学习气氛格外不好。尽管斯蒂尔(Steel)对学院的未来非常有信心，但我记得他毕业时也说了同样的话。似乎任何尝试都无法改变；我在想和学生们出去走走，会不会改变这个潮流。”他还说：“我想我们是不是应该去和既善于社交又喜欢学术的人交流一下。恐怕他们的意见现在就是最大的障碍。有时候也别希望你就是信徒众多的比斯利(Beesly)教授；我总是能感觉到靡非斯特(Mephistophele)对浮士德(Faust)的嘲笑：至少他并

33

不敢把他最好的学识全教给学生。”

他渴望进行学术和社会交往的一个实际产物便是成立了莎士比亚学会。有一张小便条保留至今，上面有7个签名，请求他接受来自学会成员的一份礼物：“常常受到您的照顾，也非常感激您作为学会创立者和会长持续不断的努力，为此我们略表心意。”他常常邀请他们共进早餐或晚餐，而他们想起他时一致认为他是这些场合中最亲切的主持人。并且一如往日，和他有过私人接触但没有被他的性格所影响的人寥寥无几。他的一个34 同代人这样写道：“……您先生有一些非常迷人的特质：富有同情心，且常常使人如沐春风。”关于他对别人的影响，最为非同寻常的一点也许是：这些影响并非只有男士可以感受到，女士亦然。

另一个促使伯纳德离开牛津的原因是，他渴望有更多时间进行独立创作。他所有原创作品都是在他离开牛津之后写就的。尽管在牛津时期，相当一部分作品已在他脑中成型，但他只出版了一部译著：《雅典宪制史》(*Athenian Constitutional History*)。他似乎计划写一本关于伦理学的书，但布拉德利的《伦理学研究》(*Ethical Studies*)使他取消了这项计划。1876年8月，他在北贝里克(North Berwick)写信给彼得斯：“……我在城里待了10天，然后在家待了一个月，之后在苏格兰南部跑来跑去，直到上周二才在这里安顿下来。我计划在此独自住两周，每天读书冥想。我讨厌这种东奔西走的生活，不能在长假期里专心做一些事情。我既无法安心工作，也无法做些感兴趣的事享受一下。我为下学期的希腊历史课做了些准备，但我发现其中一些说法有些危险，因此我的书必须得推迟——也许无限期推迟。刚开始读到布拉德利的书时，我就被惊艳到了。我已经振作了起来，但在下决心进行写作时应该更加谨慎一些……但这就够了；希腊历史是我现在的任务，我打算去海边抽几支烟，读一读《奥德赛》(*Odyssey*)。”

35

他提起《奥德赛》这件事非常有趣。那是他最喜欢的一本书，很多年来，他度假时总是随身带一本袖珍版《奥德赛》。在他后来的岁月中，但丁的书陪伴在他身边，但在他去世之前的几个月，他为我大声朗读过的最后几本书中仍然有《奥德赛》，尽管那只是一个译本，但他的愉悦有增无减。

他经常带在身上的另外一本书是巴宾顿①的《大英植物学手册》(*Manual of British Botany*)。他喜欢在书中标出他在散步时看到的花朵，同时他会用铅笔在页边记下时间和日期，有时也会写下这些花朵的结构特征。第一条写于 1877 年，最后一条写于 1913 年。他的《逻辑学》(*Logic*)的读者会记得，他常常用植物学分类、分析方法来阐述逻辑的过程，他还在前言中号召读者对比判断形式的研究、分析与研究花朵和植物的相似之处。他从未在植物学上投入与逻辑学相同的精力，但植物学既是他最喜欢的娱乐之一，也是他将哲学和生活联系起来的众多例子之一。

据我所知，在牛津时期，他很少出去旅行，但在 1871 年或 1872 年夏季，他去了德累斯顿(Dresden)，在那里，他流连于美术馆。他有几次表示还想再去那里，但我们一直没能成行。巨

36

① 巴宾顿(Charles Cardale Babington，1808—1895)，英国植物学家、考古学家。1843 年出版《大英植物手册》。1851 年当选为英国皇家学会会员。——译者注

石镇家门始终为他敞开，那年他回了那里几次。其余时间他去了苏格兰，还拜访了一些亲戚。就在那段时期，他养成了一个习惯：和他的朋友亚瑟·登迪以及其他一些朋友一起在奥克尼射击，这个习惯保持了七八年。一些朋友想不明白：他根本不爱运动，怎么会选择这种特殊的方式度假？而且尽管他像大多数人一样享受在射击和钓鱼方面取得的成就，但不管是射击还是钓鱼本身，他都不喜欢。我认为，秘密在于：首先，他有了意气相投的朋友，可以陪伴他；其次，他喜欢户外，喜欢大海和旷野的光照与色彩。他曾写信给朋友："真的，昨天的旷野近乎完美。大海，远处的白云，紫色的山丘，明亮的太阳，都近在咫尺；灿烂的帚石南(heather)花，'锦上添花的'鸟儿。"

第三章　在伦敦：1881 年至 1897 年

37

1881 年，伯纳德第一次来到伦敦，住在伊伯里街(Ebury Street)131 号。他在那里住了 8 年，两位共同经营那栋房子的女士把他照顾得很好。他享受着之前从未体验过的自由。他可以随心安排自己的生活，去教授他认为最好的内容，思考整理他脑海中的想法，践行自己所获教育和熏陶指引他去做的事，那些教育和熏陶本质上就是格林的教导。他那时只有 35 岁，身体健康，满怀对生活各方面矢志不移的热切兴趣。早在牛津时期，他就常常去伦敦，为了在国家博物馆中待上几个小时；如今，国家博物馆和大英博物馆中的奇珍异宝近在咫尺，随时可以成为他快乐的源泉。他喜欢音乐，尽管没有哥哥霍尔福德的音乐天赋，但多年以来，他都定期观看圣詹姆士大厅举办的音乐会。 38 他虽算不上富人，但也有足够的资金支撑他自由选择自己喜欢的生活和工作，也有能力借钱给别人，不过，他这一根深蒂固的习惯做法持续地消耗着他的资产。他倾向于认为，牛津的辛苦工作使他赚了钱，有了积蓄，是他获得独立的原因，至少是部分原因；但他同时也认为，他不是在被迫谋生，因此他应该多做一些，而不是少做一些，那是他的职责。例如，有些学生会把他们粗糙而冗长的手写稿件交给他，他认为，向这些学生提出建议、提供帮助是他的责任，尽管对旁观者来说，他们的要求似乎有些过分。

与原来住在牛津相比，搬到伦敦的另一个好处是他和家族成员间，尤其是和家族中年轻成员的交流增多了。新一代的男孩女孩们——侄子、侄女和表亲们——都在伦敦或者伦敦周边求学。他很愿意邀请他们到家里来做客，或者带他们去剧院或音乐会。他和他的表亲麦卡勒姆(McCallum)一家的联系变得非常紧密，麦卡勒姆在奥克利大街(Oakley Street)的家简直就是他的第二个家。他非常在意年轻女孩的教育问题，因为他对女性取得独立地位抱有很高的期望。他认为如果女性的能力得到充分承认和发展，那么女性将在人类精神生活中扮演重要的角色。他指导这些年轻人阅读，借给或者赠予她们书籍，激发她们对他最喜欢的植物学的兴趣，带她们中的一些人去意大利；他给她们写信，其中一些被珍藏至今。在这些信中，他告诉她们，女孩应该如何完善地安排自己的生活。在他去世后，其中一个侄女写信给我说："回看以往，他似乎就是贯穿我整个生命的金色丝线，尤其是我上学之后——当时我大约15岁。在我处于最重要、最真诚、最理想主义的年龄时，他走进了我的生活，对我产生了巨大的影响，并且自那以后，他用不计其数的方式丰富了我的生活。我无法完全表达出我对他的挚爱之情和感激之情，他对真善美事物的高标准和热爱必然也使许多人受益良多。"

他的表妹玛丽·彼得森(Mary Peterson)将他写的一系列信件借给我。收到第一封信的时候，她还是个在校学习的16岁小女孩，我从中引述下面的两段文字。

巨石镇，1886 年 4 月 21 日：

今晨，女孩们告诉我，今天是你的生日，所以我想，我得给你写上几句，祝你生日快乐……我想，你 19 岁了，是吧？毫无疑问，我真诚地祝愿你能获得一个女孩能期望的所有快乐。这是你生命中非常重要的一个阶段，也是人 40 们期望会轻松愉悦度过的一个阶段。从人生经验来说，你未来的全部都取决于你如何度过接下来的三四年时间，和一个年轻人刚刚进入大学或者刚刚就职时一样。女孩们想要好好利用自己的时间，这并非易事，因为女孩们不像男人那样有同伴或令人兴奋的事来引导并激励她们。你的全部快乐仍然取决于你如何用这种或者那种方式，培养自己对于思想或艺术最优秀作品的实质性兴趣，或者对于你所处时代最实际工作的兴趣。有时我会有点担心，不知道你会不会让你的黄金时间就这样偷偷溜走，大多数女人都会那样，继而卷入些普普通通的社会琐事中，最后错失再次出现的机会。成为一个女人，要肩负很多重任。家里的女士们决定着家庭谈话的水准，男士们只能遵从这一水准。我并非说，女孩应该变成乏味的学生，而只是说，只要可能的话女孩应该在书里或者在音乐中找到一些自己真正喜欢的事物。那么，这就会自然而然地导向一个结果：你会更容易地掌握好的思想和感觉。什么时候开始并不重要；*任何*好书都值得一读，都会将你引向其他好书。我并不想一直给你说书籍或者其他事情，因为我担心你会认为我想把你变成一个无趣、落伍的哲学家——*这完全不是*我的初 41

朿。所以不用担心我会像布道者那样；你必须决定你想成为什么样的人，只要你下定决心，没有人能干涉你。

巨石镇，1887年12月24日：

祝你和艾莎(Isa)还有男孩们圣诞节快乐。我希望你现在已经收到了卡莱尔的《斯特林传》(*Life of Sterling*)，我请你的母亲在圣诞节那天交给你。我自己也没能读得很懂，所以等我回巨石镇后很可能会找你借阅这本书。在这本书的创作环境中来阅读肯定非常有趣。很高兴你会对卡莱尔夫妇的生活和他的作品感兴趣。尽管有些缺点，但他们夫妇和所有其他人一样高贵，他的作品——也可能是她的作品——对英国人的生活产生了不可估量的影响。我们这个时代的所有运动，包括你每日的工作(在慈善组织协会的工作)都在很大程度上受到他的启发。如果你能继续将你的学术兴趣和你的职责联系起来——我希望你已经这样做了，它们会让彼此更有活力，并且没有什么能够摧毁它们。既然你已经开始了，就坚持做下去。看见一位女性朋友并没有变得心胸狭隘或者无趣，而是逐渐长成一位精力充沛、有益于社会的女士，这真是非常“令人高兴”。恐怕这的确是冗长的说教，但你必须得承认，这比你我明天在教堂里将聆听的要短得多。

42

第三段节选摘自1892年他在美国普利茅斯(Plymouth)写的一封信，展现了他对于女性教育的看法：“昨晚我想到了你，当时我们正在谈美国女孩：尽管她们都聪明、敏感、独立，却习惯性地想要延长自己的美妙时光。一位曾在牛津上学的女孩说，她认为越来越多的女孩正在做这样或那样的工作，而不愿将取悦宾客或者照料花朵当成工作。但有些已婚女性一方面赞成这一观点，另一方面又明显认为，她们自己应该花上三四年的时间'享乐'，聊天、跳舞、社交。我觉得我还不够明智，没有资格发表意见，但我的确在想：要是你在那里，你会说什么呢？没人说她们不应该享受生活——问题是应该如何分配时间；她们是否应该坚持做一些严肃的事情，然后进行一些适度的娱乐，或者在社会上参加一些大学课程，然后接下来什么也不做。当然，你肯定猜得到，我觉得生活的基础自始至终都是非常严肃的事情；但还有一个现实问题：社会是否理应被看作可以一劳永逸、直接就步入正轨？我本来认为，在这个过程中，人有可能会伤害自己；但我不喜欢用自己的意见影响别人的感觉。" 43

让我们再次回到伦敦的早期岁月，在那段时期，伯纳德开始寻找机会，从事实践性工作，这些实践性工作成为他生活和思想的重中之重。在这个过程中，他丝毫没有抛弃当一名哲学家的首要使命，因为他坚持认为："在思想的最高级努力中，抽象思维最为致命，如果你没有在社会责任感方面经受某种形式的训练，那么你的思维就会变得抽象。"(*S. and I. Ideals*, p. 65)

伯纳德在从事社会性工作时，同他的表妹麦卡勒姆夫人联系非常紧密，他十分钦佩她的实践能力。她颇有些艺术家气质，而且我相信，他是通过她才和家庭艺术与手工业协会(Home Arts and Industries Association)建立起紧密联系的。这个组织成立于

1885年，旨在鼓励并引导人们进行艺术手工制品实践。1888年，他在牛津做了一场演讲，讨论教育中的艺术手工制作，其中提到了这一组织的目标和取得的成就。1889年，这篇演讲稿收录于他的《论文和演讲集》(*Essays and Addresses*)——这一演讲整体上解释了他对于教育的看法，尤其阐明了审美在教育中举足轻重的作用。人们大都自然而然地认为，他对这项工作的兴趣和他1886年翻译出版的《黑格尔美学导论》(*The Introduction to Hegel's Philosophy of Fine Art*)及他自己撰写的卷首导言有密切联系。同时，我还认为，这一协会的特别之处在于它具备开创性；开辟新的领域，尤其是在教育方面，始终是他热衷的事业。

44

他和伦敦伦理学会(London Ethical Society)之间的联系亦是如此。这一学会于1886年由T. H. 格林和爱德华·凯尔德(Edward Caird)的一群学生发起。早期和这一组织有关的人包括几位教授：亨利·琼斯(Henry Jones)、詹姆斯·博纳(James Bonar)、J. H. 缪尔黑德(J. H. Muirhead)、J. S. 麦肯齐(J. S. Mackenzie)、埃斯特林·卡彭特(Estlin Carpenter)和莱斯利·斯蒂芬(Leslie Stephen)先生。1887年，伯纳德受邀加入学会，之后一直在学会中兢兢业业地工作，直到13年后，学会及它的后继组织解散。然而，随着伦理学运动(Ethical Movement)[①]在英国和美国蓬勃发展，他和这一运动产生了两点分歧：一是这一运动试图用"道德"本身的教导代替宗教以及高等教育的影响；二是它试图构建伦理"教会"，任命某一人为牧师和教士，负责训诫教育。

---

① 本书第四篇附录进一步介绍了鲍桑葵与这一运动的联系。——译者注

伯纳德在1887年5月给学会成员分发了一本小册子，在其中解释了自己对第一个问题的立场。他提出，道德哲学不会必然通向道德教化，就连道德劝说也并非最为必要：“对我来说，绝大多数人所需要的并非道德劝说(有人常把它比喻为良药)，而是生命、智力和感觉中的新资源(可以将它比喻为粮食)……一个人就是他生来的样子，人不是由他每周一次聆听的内容得到塑造，而是源于他习惯性从事的事项。根据我的判断，这正是我们应该转变的东西——通过组织高贵生命中的材料，以使它处于所有人都触手可及的范围内。” 45

学会旨在将可得到的最好教导，尤其是哲学教导，置于普通人可及的范围内，这正与上述观点相一致。最初，为了完成这一任务，成员们会在周日晚上去汤因比馆(Toynbee Hall)和其他一些地方发表演讲。其中讨论“如何阅读《新约》”的演讲使得一些工人自发组成了一个讲习班，开始在伯纳德的指导下研究这一课题，他常常满怀愉悦地回顾了这段小插曲。在1889年至1890年的冬天，学会开始在工作日晚上去埃塞克斯馆(Essex Hall)举行演讲。伦理学会负责选派演讲者，但课程由大学拓展项目安排确定，艾塞克斯馆已经成为这个项目的一个中心。1891年之后，中心已经完全由学会打理，每个学期，学会至少开设四个讲座课程和讲习课。在这些课程中，学生和老师都保持着高度认真的态度，出勤率也很高。伯纳德做了很多演讲，并且成为学会的引导人(guiding spirit)——我本来想写“统帅者”(ruling spirit)，但这个词不符合他的性情，因为他更愿意引导，而不是统帅，也因为他一直坚信，这种类型的机构本质上就应 46

该民主。但是学会秘书赫斯本德夫人(Mrs. Husband)写信给我说:“这全都凝聚着伯纳德先生的心血,他的工作、他的精神、他的理念以及他偶尔的担忧,以免学会与其向往分道扬镳。”

学会的委员会(主要是缪尔黑德教授和赫斯本德夫人)对他的教学能力深信不疑,将一些最晦涩的课程交给他,他也都出色地完成了那些教学任务。鉴于他的牛津经历,他认为自己很难成功地向普通听众讲授柏拉图的《理想国》,但他的课程仍然得到了大家的承认和赞赏,并且声名远播,在很多公开的演讲中,听众人数如此多,以至于不得不调换到一个更大的房间里再继续进行。他在其他活动中心多次重复讲授过这一课程,后来,他将这一课程的精华收入《柏拉图〈理想国〉指南》(*Companion to Plato's Republic*)一书中,并于1895年出版。

47 该学会一直存续到1897年,当时,学会决定独立于伦理学运动和大学拓展课程开展哲学教学;至此,伦敦伦理学会解散。为了推进这项工作,伦敦伦理学与社会哲学学校(London School of Ethics and Social Philosophy)成立,在接下来的三年多时间里,伯纳德的演讲仍在继续,并且越来越成功。学院主要以帕斯莫尔·爱德华兹安置房(Passmore Edwards Settlement)为中心,但同时它也为莫利学院(Morley College)提供课程。学生大部分来自诸如教师和工人之类的阶层,大多付不起高昂的学费,这意味着学校主要依靠自愿捐赠。一些捐赠者不愿意无限期地捐赠,于是,1900年一场危机来临,学校提出申请,希望能得到新成立的伦敦大学的接收,但因为学校财政的不确定性和不稳定性而遭到拒绝。有人建议,应该筹集资金,来任命一位哲学教授,但伯纳德拒绝参加这一计划。他认为，这一举措不能恰当地处理这种情况。他写道："我不认为筹钱是哲学家们的工作——他们和钱似乎是对立的！我相信这件事应该做，但应该交由某些愿意花5到10年只做这件事的人去做，而那个人肯定不会是我。"

48 学校因此而关闭，尽管这项事业没能延续下去，但不能因此就认为这失败了。伦敦的学生们接受了13年最好的哲学教育，事实证明，他们迫切需要这种教育，无数学生由此认识到更为广阔的生活和思维方式。并且，我们还应该补充一点：伯纳德出版的很多作品都发展于这些年的演讲。《逻辑要义》(*Essentials of Logic*)、《道德自我的心理学》(*Psychology of Moral Self*)、《关于国家的哲学理论》(*Philosophical Theory of the State*)，以及《柏拉图〈理想国〉指南》都诞生于这样的环境。

1923年2月，《探究者》(*Inquirer*)的一位匿名投稿人写道："上周去世的伯纳德博士应该得到广泛的赞许，不只因为他对现代哲学界众所周知的卓越贡献，更因为他是最早的、最成功的大学拓展课程教学大师之一。45年前他广受听众欢迎的演讲——他和他们饶有兴致地沉浸在深奥的逻辑学和道德自我的心理学中——将柏拉图的《理想国》带入普通人的视野中，使得听众对于思维潜在能力的普遍信仰愈发强烈。"

当时的另一名学生德·格伦夫人(Mrs. de Glehn)——哲学家F. H. 布拉德利的妹妹——向我讲述了她在切尔西参加柏拉图《理想国》课程的经历。那时，大学拓展讲座是个新事物，吸引 49 了很多人。她清楚地记得，在第一节课上，各式各样的人聚集在一起，有想寻找些新事物的年轻时尚的女士，也有真诚追求知识的学生。她当时在想，面对这样的听众，演讲者会怎么做呢？然后，她注意到——我感觉她当时很惊讶——他从未尝试降低话题难度来吸引听众。情况自然而然地就改善了，因为那些未能准备好进行严肃阅读的人逐渐消失了，只留下一小部分真诚而热情的学生。他给他们留下的第一印象是超凡脱俗、高不可攀，这也是当时他留给大多数人的印象。但他对这些课题的信仰和热情，他在教学中面对困难时不屈不挠的耐心，使得听众们渐渐开始理解他的本性和他的哲学。一个小时的演讲，再加一个小时的作业讲评和问题讨论作为补充。“仍有些困难，”这位学生在另一个场合写道，“因为他并不是一位天生的阐释者，但他孜孜不倦、不屈不挠，满怀激情地想把从大师那里学到的精神层面的内容与启迪，传递给那些有能力接受它们的人。他细腻而优雅的脸庞特征鲜明，谈到柏拉图对生命的理解时，他的脸庞便会洋溢着光彩，并且他天生口齿清晰、用词准确……那些演讲不仅使我对思想和生命有了全新的认识和展望，也让我看到了他批判性思维和严谨治学的本能背后所隐含的热情——这也是他能够广交朋友且活跃于各个领域的秘诀。”

50

那些只在牛津和他有过交往的人，应该会对他在大学拓展课程取得的成功十分诧异，可能连他自己也有这样的感觉。他认为，部分原因在于，那些听课的人能够基于自身经历，将哲学思维运用于生活问题。他过去常常说，与那些普通大学生相比，哲学对于了解生活的人更具吸引力；在《逻辑要义》最后一章(第166页)中，他这样写道：“……你应该记住，哲学不会告诉你新的事实，也不会让你有新的发现，它所能做的只是将所知事物的意义告诉你。而如果你什么也不知道，那哲学也无法告诉你什么。”再者，对于很多人来说，演讲的难度也是那些演讲能够吸引他们的部分原因。他从未在演讲或者私人谈话中“用高人一等的口气”讲话。一个伟大的思想者站在平等的角度和你交谈，没有什么能比这更让你感受到自尊，也没有什么能比这更激发你的努力。当然，他的品格，即他的真诚和热情，是这 51 一点的原因，总是能为他带来听众。他的声音是传播其思想的完美媒介，他从未声嘶力竭地喊叫，但绝对保证每个观众都能听到。然而，大多数人都没有意识到，他备课时付出的大量努力以及无论付出多少努力，无论经过多少次筛选、调整、再调整，都要把课程完美呈现的决心。直到后来，我亲眼看到他备课，才意识到他有多么地投入。

关于他的教学方法，我引用他 1893 年至 1894 年给我的一些建议，当时我在大学拓展课程中刚刚承担了一些教学任务：“我想给你分享几点我自己总结出来的教学心得，希望不会冒犯你。我觉得有一点很重要：提出一些问题(印在教学大纲中，我认为最好在每次课后提出)，比如同学们有兴趣回答的，以及需要一些努力才能解决的问题。这很容易，也很有趣。我也会告诉他们，需要阅读哪些资料才能解决这些问题……我只要求他们回答一个问题，并以论文的方式来展现，为了回答问题要进行专门的阅读，从而为理解授课内容做好扎实的知识储备。我想，课堂上的成功很大程度上依赖于这一点，也取决于你在讲台上 52 无尽的耐心与和善。”

另外，关于如何解答问题，他写道："我有一个明确的理论：我上课该做的是解释，而不是争论；应该进一步解释我自己的想法，而不是在讲台上创造理论。所以如果一个人错了，并且非常激动，那么，我认为，我的职责仅仅是用最简单的方式告诉他，我意指的是这个和这个，仅此而已。只有在忘记自我时，我才会察觉到对立。"

伯纳德曾经投入过大量时间和精力的另一项工作是慈善组织协会(Charity Organization Society)。离开牛津之前，他就已经非常熟悉这一协会了，因为1870年至1875年间，协会秘书由他长兄担任，之后由C. S. 洛赫继任。他从他们两人那里了解到协会的原则和目的。将知识用于实际的慈善领域，这总能引起他的兴趣，并且他非常乐于在此展示，思想的智慧与深度如何能在实践中被证明。早在1879年，他就已经在一封写给朋友的信中提出这个问题："市长大人回绝了资助，你肯定很高兴，我只是有点困惑，捐的是什么呢？从单纯的理智出发什么都不做，似乎有点说不过去。但是，看到有些大城市说它们不需要外界的帮助，这很值得高兴。你是否目睹了法国政府给纽卡斯尔(Newcastle)500法郎？对于政府来说，这真是份奇异的礼物。"

53

加入协会之后，他在切尔西和肖迪奇(Shoreditch)两个区的委员会任职，承担了繁重的工作，包括组织当地的救济工作，引导救济活动更好地帮助穷人。在协会的管理委员会中，他的工作也不轻松，主要是对协会政策和实践进行指导。这意味着他通常要在一周内参加三到四次委员会议，甚至更多，每场会议两到三个小时，并且其中一些安排在晚上。他富有同情心的洞察力和专注的注意力使他在委员会的工作弥足珍贵。“他为我们树立了努力诚实思考的榜样，”协会的一位秘书写道，“此外，他异常地平易近人，豪爽耿直，贴近现实。他对于慈善组织协会的影响广泛而深入，没人能够代替他。”但也许他本身就擅长担任主席。他懂得如何去引导委员会，而不会去控制委员会，在他的支持下，任何人无论持何种观点，都确信人们会善意地倾听自己的看法。他极少参加与协会救济工作相关的探访活动。他完全明白其重要性，也一直强调在尝试提供帮助前，一定要充分了解情况。但从个人角度来说，一方面，他感觉这种工作会令他无所适从，“不知道该说什么”；另一方面，他总是非常乐于同工人们讨论任何可能在房屋或花园内进行的工作，真诚地向了解自己工作的人学习。在他为当地的卫生援助委员会考察情况时，他和较为贫困的社区进行了直接接触，以便了解和改善社区的卫生状况。 54

除了委员会工作之外，伯纳德也时常出席公众集会和慈善组织协会的会议并发言，还举办讲座和讲演课以吸引、指导年轻成员。其中很多演讲被收录进《慈善组织评论》(*Charity Organization Review*)和他多部论文集中出版。这些文章有一个共同点：它们都能够从更宽广的角度去观察生活及其意义，尽管无处不在的日常工作的细枝末节常常会使生活迷失方向。其中一篇的题目是《哲学和个案工作》(“Philosophy and Case Work”)。组织这些及其他演讲的是慈善组织协会的一个特别委员会，该委员会于 1902 年发展成“社会学和社会经济学学校”(School of Sociology and Social Economics)，大量的社会工作者在这一学校中接受了训练，一套针对《济贫法》官员的系统课程和考试制度在这一学校中形成，并且流行至今。这些是教育方面具有开创55 性的工作，也使得很多大城市和大学都设立了相似的学校制度。伦敦的学校维持了10年，1912年，被伦敦经济学学校(London School of Economics)接管。对于这一变更，伯纳德曾经致信他的侄子：

> 我们，即真正的慈善组织协会，开创并建成了这所学校，又使它得到普及，使它高效运作了9到10年(当然它并未打着慈善组织协会的名号)，但我们没有钱。经济学学校很富有，他们来了，然后说："我们来竞争吧，或者你们会'合作'吗?"当然他们可以任意地贬损我们，而且没有我们，他们也会照样开始，之后我们也无法加入，因为他们的成员会自动补上。所以，我们尽自己所能，提出了最好的条件(与保持工作水准相关的条件)，然后带着沉重的心情将其关闭。

在完成所有这些实践工作的过程中，哲学依然是伯纳德最为重要的兴趣点。在生活中为哲学寻找新素材，同时将通过哲学洞察获得的更宽广视野带回生活中——在我看来，这些已经成为他的使命。有一点很重要，即在伦敦这段繁忙的日子里，他完成了大量艰难的哲学写作工作。1886年，他加入亚里士多德学会；1887年至1897年的10年间，他总共为学会的出版物供稿17篇；1888年，他当选学会的副主席；1894年至56 1898年，他担任主席。关于他对学会的影响，尊敬的秘书这样写道："他总是想要从某一他可能完全不赞同的学说中挖掘出真实的或有价值的东西。然而他从未让自己的观点受到怀疑……他会在被摒弃的学说中提取出一个蹩脚的讨论，然后使这一讨论变得妙趣横生……因此，我们不只要感谢他用他积极的理念丰富了我们的会刊，更要感谢他帮助我们自由表达观点。”(回忆录)

在给亚里士多德协会的论文发表前，霍尔丹(Haldane)和赛斯(Seth)编辑的一本书中收录了一篇题为《逻辑学作为知识的科学》(“Logic as Science of Knowledge”)的论文。之后，1884 年，洛采(Lotze)《逻辑学和形而上学》(*Logic and Metaphysic*)的译本出版。这本书本应由 T. H. 格林来编辑，但因其逝世，这一任务被交到了伯纳德手上，伯纳德除编辑和修订了整册书之外，也和其他一些学者一起参与了翻译工作。毫无疑问，他在逻辑学方面的著作受到了洛采的影响，尽管他并不完全赞同洛采的观点。在 1879 年写给 F. 彼得斯的信中，他谈到了洛采：“我非常急切地想知道你对他的想法；对我来说，他和别人一样优秀，问题的根源不在他身上。然而，因为他对柏拉图思想所做的辩护，我愿意原谅他任何事情。”

同时，他也一直在研读 F. H. 布拉德利 1883 年出版的《逻辑原理》(*Principles of Logic*)，这一研究的成果，也是他的第一本著作——《知识与实在》(*Knowledge and Reality*)，于 1885 年出版。其创作目的，正如他在前言中所说，是“为了展示布拉德利先生实质性的、原创的概念如何脱离于他和传统保守的逻辑学(reactionary logic)都明显共有的某些特点”。大约 40 年之后，布拉德利《逻辑原理》第二版问世，作者写道：“在前言结束之前，

57

我必须要表达一下自己对伯纳德博士的感激之情，感谢他1883年以来所做的一切，这一句感谢我欠了他很多年。不仅如此，我还必须声明，他的多部逻辑学著作对本书的再版有着非常深的影响。”这一慷慨热情的赞赏让伯纳德受宠若惊，因为这整整40年以来，伯纳德一直坚持认为，自己作品中的所有精华都得益于他从布拉德利那里学到的东西。

在接下来的一小段时间里，伯纳德暂时离开了逻辑学领域，于1886年出版了他的下一部作品——《黑格尔美学导论》的翻译，前言是他的一篇原创文章《论另一世界的真正概念》（“On the True Concept of Another World”）。这篇文章试图帮助读者认识黑格尔对精神性实在所持看法带有的确定且具体的本性。“关于阐释，最难做到的便是相信伟人们所说的就是他们想表达的内容。我们的水平往往低于他们，他们所说的内容对我们来说似乎并不可能，除非我们降低它的品质，以适应我们自己的愚58蠢。尤其是当他们谈到最高实在的时候，我们会将我们自己对实在的定义套在他们所表达的实在上。因此，我们自己就挫败了任何使我们进一步了解所生活世界的尝试。进行智力工作比较艰苦，追求愉悦感官的幻想则很容易；所以，我们应该用前者取代后者。”

在接下来的两年中，伯纳德忙于创作自己的逻辑学巨著，他认为这一主题不仅妙趣横生而且极具价值，他对它的热情始终未减。但他心中的逻辑学深刻而高贵，各个学派的普通逻辑学完全无法与之相比。他在《个体性的原则与价值》（*Principle of Individuality and Value*）中这样写道：“逻辑学，或者说整体之精神，是追寻实在、价值和自由的线索。”（第 23 页）他还写道：“通过逻辑学，我们与柏拉图和黑格尔一起，理解了经验的最高法则或本性，理解了指向统一和融贯的冲动（无矛盾性的积极精神）。每个碎片通过这种冲动思慕着它本就归属的整体，每个自我也借此思慕着它在绝对中的完成状态。绝对本身首先就既是这种统一与融贯的化身，也是它的满足……爱是逻辑的主要动力，这是一条严格且根本意义上的真理。”（第 340 页）这似乎是一段难以理解的格言，但“伟人们所说的就是他们想表达的内容”，因此，伯纳德表达的也肯定是他的真实意思。类似思想也出现在《个体的价值与命运》（*The Value and Destiny of the Individual*）中。在谈及自由的意义时，他写道：“对我们来说，自由意味着趋向整体的努力（nisus），即爱若斯（ἔρως）或结合的精神，而它既是逻辑，也是爱。”（第 9 页）

59

下面这段文字引自 1888 年他在佛罗伦萨写给一位侄子的信，其中阐明了他对逻辑学的理解：“从个人角度来说，一个小发现让我非常感兴趣。在梅米（Memmi）的画作《西班牙小教堂》（*Spanish Chapel*）中，逻辑学在众多科学中被描绘为枝叶繁茂的枝条或者茎，而且还带着盛放的花朵，按照拉斯金（Ruskin）的看法，那是思想的有机生长（三段论）。你知道的，我正在写作的逻辑学被称作‘思想的形态学’，因为我强烈感觉到了这一有机性。拉斯金评论的这幅 14 世纪画作中的美丽形象简直令我着迷。”30 多年之后，他在写给我的一封信中又提到了这个形象：“今晨，我在阿什莫尔（Ashmolean）度过了一段愉快而安静的时光，来自新圣母教堂（Sta. Maria Novella）的古老逻辑学就在那里

(拉斯金仿作)，还有那象征性的树枝。”①

《逻辑学》于 1888 年问世。克拉伦登出版社(Clarendon Press)曾经将部分手稿寄送内特尔希普以征求他的意见。他向出版社表示支持出版这本书，与此同时，他写信给伯纳德指出，讨论这一主题的作品会不可避免地带有“僵化和死板”的问题，建议他尽可能地“使应该突出的部分更加突出”。伯纳德自己觉得这非常难，他将这本书寄给他的朋友 F. 彼得斯时给他写了一封信，信中写道：“我把它寄给你是出于一种执念——我非常希望我这本书能作为一份重要的纪念在你的书架上占据一席之地。很开心能实现这一执念，现在这一感觉压过了对其命运的焦虑。然而，我能看出，它偏离主题太多了，离题话和限定条件也太多。”他后来围绕这一主题出版的《逻辑要义》和《内涵与线性推理》(*Implication and Linear Inference*)试图将作为《逻辑学》基础的基本原则用更清晰和简洁的方式表达出来。但自《逻辑学》出版之后，读者对这本书的赞赏和理解与日俱增。一位美国评论家在 1923 年 11 月的《哲学评论》(*Philosophical Review*)中这样评论道：“对我来说，《逻辑学》似乎是用我们语言写就的最伟大的一本逻辑著作。事实上，第一卷中对判断的本质及各种形式的处理超越了之前所有作品的观点。这本书是人类思想史上最伟大、最持久的成就之一。”

从《逻辑学》创作完成，到着手创作他最重要的美学著作，

① 此处鲍桑葵讨论的是新圣母教堂的著名湿壁画《逻辑与修辞》，拉斯金曾用水彩画过一幅仿作，该水彩画作收藏于牛津大学的阿什莫尔博物馆。这幅画作一共有四个人物：两位女性在上方，左边的代表逻辑，手握一根树枝，右边的代表修辞；还有两位老年男性在下方。——译者注

这之间几乎没有间隔，虽然 1891 年他出版了一部论文和演讲集，但这部文集里收录的都是他之前就已经完成的作品。《美学史》(*History of Aesthetic*)出版于 1892 年，在创作这部作品时，伯纳德进行了大量的阅读和研究，但他丝毫不以为苦。1890 年 7 月，他写信给 F. 彼得斯，谈到了这本书：“《美学史》我已经写了很多了，在绞尽脑汁地写作导论性的古希腊的部分，我想差不多有 50 页(打印纸，超过 200 页的手写纸)；柏拉图部分已基本完成，亚里士多德部分还没有。我发现其中有一个不怎么好的技巧：就像理想被矮化了一样。我的写作期限不允许我进行详细的阐释，我知道，我只能言简意赅地讲点真**东西**；不可能进行全面的解释，而且我本来也还有很多不懂的地方。”

61

关于这本书，A. C. 布拉德利教授这样写道：“他去世时出版社发的讣告竟然没有提及这本书，这真是匪夷所思，因为我们完全可以说，他是唯一一位对这部分哲学问题进行充分研究的一流英国哲学家；而且，这本书得到了，并且会一直得到许多读者的喜爱。可以说如若没有这本书，他们根本不会对哲学产生兴趣。他们对它的喜爱有多方面原因，而它也完全值得他们的喜爱。伯纳德的很多著作都是其演讲稿的再版，其中一些对于读者来说可能会难以理解，因为文字无法使读者听到他在演讲现场为了使听众理解而做出的语音语调的变化。但《美学史》一书专门为读者而写就，其写作手法非常值得赞赏。还不止于此。任何一篇阐释普罗提诺(Plotinus)和黑格尔美学理论的文章，无论其行文多么清晰明白，都可能会使这样或者那样的读者感到疑惑。但如果读者真的对这本书的主题感兴趣，并且不

62

仅对哲学家看待自然和艺术之美的态度感兴趣，而且对不同时代不同年龄的哲学家看待自然和艺术之美的连续性态度感兴趣，那么，他们肯定会着迷于他那本书中所做的全景性综述。而且即使读者缺乏历史思维，他仍可以十分愉悦地在随处可见的对某些艺术家或诗人的详细阐释中或者在对但丁和莎士比亚颇具启发性的对比中找到乐趣、得到启发。”

1893年，另一本论文集《基督教王国的教化》(*The Civilization of Christendom*)问世；1895年，他出版了《柏拉图〈理想国〉指南》《逻辑要义》和一本与朋友合著的论文集《社会问题的各个方面》(*Aspects of the Social Problem*)。这些以及他为《曼彻斯特卫报》(*Manchester Guardian*)和《帕尔摩报》(*Pall Mall Gazette*)所写的哲学书评，为他伦敦阶段的创作画上了句号；再加上他担任印度文官系统(Indian Civil Service)①的考核官所做的工作——一项辛苦且不合意的工作。

在此，我们也许应该谈一下他对与自己在相同领域工作的人的宽容之情。他从未显示出文人常有的相轻态度，也从未对年轻人或者学术方面的晚辈采取居高临下的态度。他喜欢认可个体的努力，于是，每当看到为了取得成果而诚实努力付出的人，他总是不吝赞美之词。他认为，所有思想运动本质上都是合作性的。1889年，他写信给一位朋友说：“我常常认为人的所

63

① 印度文官系统又称“帝国文官系统”(Imperial Civil Service)，为英国自1858年至1947年在印度进行殖民统治提供了大量人才。千余名高级官僚辅助总督处理各项行政事务，并对英属印度下的250个地区政府活动进行监察。根据1858年《印度政府法案》(Government of India Act)第32条，这些官员首先要通过竞争性考试，在牛津、剑桥大学等英国顶级大学修习印度相关法律文化知识后，才能在印度就职，从事行政活动。——译者注

言所为是一代人或者一群人的努力，而非某一个人的努力；我经常感觉自己是朋友们的代言人，并只会因没能完美地做好这项工作而极度沮丧。我曾经自娱自乐地列了一个单子，上面记满了我认为是思想转折点的名言，其中一些也是你的座右铭。"①

下面这段引语也显示出类似的宽容之情，它摘自一封写给我的信，当时我们刚刚认识。我受《心灵》(*Mind*)杂志邀请，为《逻辑要义》写书评，自然，我感觉有点心虚。"不要为逻辑学忧心，"他写道，"做适合你做的事。谈到我自己，我喜欢文学共和国(Republic of Letters)这一理念，我感觉作为彬彬有礼的同志，我们都完全自由。"

他多次受邀参加哲学讨论，宽容大方、彬彬有礼是他的标签。如果哪位演讲者发现自己明显处于不利地位，那么伯纳德肯定会来帮他，他会在丝毫不放弃自己立场的前提下，帮助对手最大程度地阐述他的观点。伯纳德从未试图驳倒他的对手，而是致力于将双方的观点最大程度地呈现出来。 64

他在物质方面天生就乐善好施，甚至可以做到倾囊相赠。不只在金钱方面，在书和其他一些所有物的使用方面也是如此，而后者对其他人来说可能更难做到。"你一点也不知道，"他曾经这样写道，"我多么想要把我的东西拿给我的朋友使用(我不能说我已经成功地做到了这一点)。任何时候我都能拥有它们，所以当我的朋友需要它们的时候，他们完全应该使用。"

同时，作为他公共生活的背景，他一直在探究他理想中的

① 他的《伦理学的若干建议》(*Suggestions on Ethics*，第85页)也提出了相同的看法："任何成就的荣誉和责任不应该真正地或者完全地归结到一个人身上，诗歌、知识、美结晶而来的成就亦是如此。"

房屋是什么样子的。1889年，他离开了依博里街的房子，搬到之前他在切尔西买的房子——切恩花园(Cheyne Gardens)7号。他希望不仅能在那里与他的朋友聚会，而且可以让他们留宿，因此，他不遗余力地想让那个家变得更漂亮。他的莫里斯墙纸和装饰物，还有摩根瓷砖，都能为他提供日常乐趣，墙上挂的几幅画作也经过了一番精挑细选。房子后面那个沾满煤灰的小花园也让他感觉充满乐趣，花园里的紫罗兰是他朋友F.彼得斯从牛津的花园移植而来的。“非常感谢，”1889年10月伯纳德写道，“我打算今天下午或者明天早晨把这些种到土里。真是太高兴了，对我来说这是件新鲜事，曾经长在朋友花园里的植物(以及胚芽)如今在我的花园里安了家……”

大约1890年，他不再每年习惯性地去奥克尼度假了。长时间在旷野上使他的体力有些不支，他开始觉得这成了负担。1890年7月，他写信给彼得斯先生说：

> 现在射击这一“伟大事物”(tolles Wesen)只会使我感到焦虑不安。代价真的有点“不负责任”(unverantwortlich,这是德语小说里最喜欢用的词——我不太确定我的用法是不是地道!)，我想我最好还是去其他好地方(同义反复!)，找一些意气相投的朋友聚一下；过会儿恬静悠闲的日子，再研究下植物学。我还有个想法，你看看怎么样：找一年时间，在威尔士或者苏格兰又或者在(德国)黑森林(你太太会说那里的方言吗?)的房子里，邀请彼得斯家族中一两个像洛赫那样的优秀人才，或者请他们交替前来；费用平摊，但可能会略有差异，因为我没有妻子或者其他爱慕的人；所以，

> 我应该为房子买点家具，依照住宿的人数举行晚会——也许会有像麦卡勒姆那样的一两个朋友，如果他们能轮流举办。这样我只需去趟野外，肯定会更好，唯一不好的是抛弃了登迪。哦，是的，你可以钓鱼；如果你像我一样，从来没有钓上来任何东西，而只是在那里冥想自杀是否合理，66那么钓鱼是非常合理的实践。每次钓鱼，自杀这个问题都会出现在我脑海中。……在旷野中度假，就像通过睡觉得到休息一样；这两者如此相似以至于很少有人意识到。我必须黏着登迪，除非他能补办一个精彩的聚会。

接下来的一年里，他的计划得以实现，8 月和 9 月，他住在克拉莫克湖畔(Crummock Water)的伍德宾馆，和朋友们一起研究植物学，探索周边的农村。他这样描述了其中一次冒险："我们畅游了波尼斯(Bowness)，之后返回。在肯德尔(Kendal)的展览非常有趣，尽管我们并没有发现什么当地的特产或设计方式。我们非常沮丧地看到，我们的家庭艺术设计至少在这个地区并没有产生什么影响。与伦敦的人民宫展览(People's Palace Exhibition)相比，这里少了很多令人毛骨悚然的事物。只有一个最吓人——用反复油漆过的斑驳木材制成的教堂模型……"

他在伦敦早期的度假之旅还包括 1881 年夏天去了一次蓬特雷西纳(Pontresina)，1888 年和 1889 年两次前往佛罗伦萨和博洛尼亚(Bologna)，相比之下，后两次旅行更合他心意。关于第一次旅行，他写信给 F. 彼得斯说：

> 我非常钟情于意大利，但那里也并非全无缺点。最让我恼火的是我总感觉自己是外国人；我一直感觉，仿佛我

67 没有权利待在那里——奇怪的是，在德国，我从来没有这种感觉，不管是德语还是德国人的观念，都让我感觉像“在家里”。启程前，我专门学了意大利语，尽管能说一点，但到了那里还是没办法交流。还有一个“问题”——我们这个时代，甚至现代意大利人和伟大时代的联系——让人难以接受。丑陋的重建物，变为纯粹展览室的圣马尔科(San Marco)女修道院，和我同住一个小旅馆的美国人，博洛尼亚艺术馆难看的家具和令人不快的现代意大利图片。好像不太应该先说这些。尽管在知识方面有了很多实质性收获，也获得了很多快乐，但整体环境给我们的感觉似乎是：“难道全都消失了吗？将来这里还会有什么？”回来以后，我对我们的国家艺术馆和现代艺术运动的观感好了很多……唯一真正的收获是托斯卡纳哥特式建筑(Tuscan Gothic)，完全没有任何大理石镶嵌等，壮观的暗色瓦片穹顶和砖砌的教堂。对于这些事物，我从不会感到厌烦：圣十字(Sta. Croce)的乔托(Giotto)小教堂、新圣母教堂(Sta. Maria Novella)的梅米小教堂(西班牙小教堂)和马尔盖塞·里多尔菲(Marchese Ridolfi)侯爵坟墓旁的乔托，尤其是圣十字的伽利略(Galileo)坟墓的石板(这不是天文学家的坟墓，而是拉斯金曾说过的那位)。但我现在得出门了，我想赶快去一趟大英博物馆，从回来后还没有去过那里。

68 1889年4月第二次佛罗伦萨之旅，伯纳德带着他侄女和表妹玛丽·麦卡勒姆(Mary McCallum)浏览当地的名胜风景。

1892年是繁忙的一年。春天，他获得了格拉斯哥大学的荣誉学位；夏天，他第一次也是唯一一次前往美国。“华莱士因身体抱恙把机会让给了我，”他写道，“6 周后，我会去美国波士顿附近的普利茅斯，代替他参加伦理学‘夏季学期项目’。如果我的演讲效果不错，我就准备去放松一下，考虑到我将要得到的收入，我准备去西部旅行，游览一下黄石公园。我现在正在努力备课……”

课程结束之后，他写信说他“在这里”度过了“一段非常幸运而快乐的日子”。他结识了很多美国教授，其中最为重要的是托伊(Toy)夫妇和莫尔(Moore)夫妇。他取道剑桥和哈佛，前往安多佛(Andover)，然后又去了芝加哥，之后是马尼图(Manitou)，“在那里，我没能登顶派克山(差了 500 码)”。再然后，又去了盐湖城和黄石公园。他非常享受美国之旅，也很想再次赴美旅行，但一直没找到机会，直到 1912 年哈佛大学邀请他去演讲，但那时他感觉已不再能担负这一重任了。 69

1892 年冬天，他在巨石镇向村民讲述了他的美国之旅，这是个古老的传统。家里的每个人和村子里的所有邻居都会尽可能地相互分享经历，他们对彼此的兴趣经久不衰。

婚前他最后一次出国是在 1894 年夏天，当时，他和他的朋友彼得斯夫妇去魏玛(Weimar)进行了一次短期旅行。他毕生都是歌德的热切崇拜者，于是，他欣然接受了这次参观其家园的机会。我在伯纳德写给我的信中找到了伯纳德对那个地方的评论：

> 魏玛太迷人了，干净整洁，古色古香，友好舒适；孩子们一边织毛线，一边坐在那里看着你。我们第一次朝圣

之旅的目的地是园林屋(Gartenhaus)，它位于伊尔姆河畔(Ilm)旁边的开阔地上，歌德在那里度过了他58年魏玛岁月的前7年。房顶和围墙都只有平常高度的一半，这在这里司空见惯。墙壁都用白涂料粉刷过，歌德从意大利引种来的玫瑰依旧在生长，小花园和庭院依山而建，鳞次栉比。英格兰每个教区牧师的住所都有更好的庭院。令人印象深刻的地方在于它的宁静和简约。我想，我想——但这听起来有点怪异——如果他能住在节奏更快、有更多要求的大城市里，他可能会创作出更多的作品。之后，我们在歌德度过余生的宽敞房屋内度过了一个相当无聊的早晨。现在那里变成了博物馆，大体上还保留着当年他居住时的样子。有一件事很有趣：歌德从意大利返回时，专门留出他的楼梯间放置雕塑等一些物品(我觉得这很好，简单易行)；但后来，他意识到，他的这一做法毁了他的房子，这等于把他的房子献给了那些物品。对我们来说，关键在于，除了个别希腊物件和一些精致的意大利瓷器(Majolica)之外，那些艺术品，包括他自己的一些素描，都很糟糕。他需要作很多斗争，在他那个时代，形式艺术(formative art)必然处于低潮期。

70

如果有短暂假期，那么伯纳德通常情况下会选择去北方。1893年9月，在挪威短期旅行后，他在凯斯维克(Keswick)写信说："我发现我得到了两周的自由时间。我的佣人和房屋的工人相处得不大愉快，所以我就跑到这里来了——我的意思是直到最后一分钟我都还想去布莱顿(Brighton)，随后北方乡村男儿的本能占了上风。昨天，我和教练在巴特米尔(Buttermere)。简直太美好了。”

接下来的两年中，他在弗利特(Fleet)度过了秋季假期，大部分时间都在工作，而且经常去伦敦开会。1895 年，就是在那里，他向我求婚。在之前的四年里，我们因共同为慈善组织协会以及其他一些组织工作，所以见面越来越频繁，并认识到彼此分享着相同的兴趣志向。1895 年 12 月 13 日，我们在我兄长位于曼彻斯特附近的房子里举行了婚礼，之后共同生活了 27 年。 *71*

我们在伦敦生活的时间不长。工作和社会活动带来了沉重的压力，他的健康已经受到影响。他经常拿自己的小病小恙自嘲，但由于缺乏治疗，这些小病越来越严重，他开始感觉需要更多时间休息。1897 年 1 月 1 日，他写信给 F. H. 彼得斯说：

> 当然，随着时光流逝，人会更加珍惜友谊和朋友。我想，人们第一次理解哲学，是在他感觉那些伟大事物、爱、友谊和更高层次的兴趣是一体的，且越来越真实，与此相伴的是生活本身变得无趣——我是说从身体的角度和外部的角度变得无趣开始的。我刚刚把《道德自我的心理学》一系列演讲寄给麦克米兰出版社(Macmillan)；我不知道它会不会采纳出版那些演讲稿。我正在为曼彻斯特学院(Manchester College)社会学和社会哲学的演讲做准备，阅读了康德和费希特(Fichte)以及 18 世纪后卢梭时代一些人的著作，想了解 19 世纪思想转变的轨迹。然后我要在伦敦再上一次亚里士多德伦理学课程(用你的译本)。我想回归《美学史》；过去一两年所做的一系列演讲使我产生了些新想法；

72 但夏天过后我才能着手去整理。如果可能的话，我会在讲演中度过轻松的 1897 年至 1898 年，但具体情况我还不知道。

婚前，他曾在信中对我说："秋天可能会像你说的那样，但在我的生活里，秋天总让我想起横扫一切美景的粗暴；宁静的收尾即将来临，却不为人所知，而是被再次扔进泥泞的街道。如果我们能找到机会好好休养一段时间，那么我希望在乡村欣赏四季的完整轮回。"

1897 年，我们决定不再等机会了，只要能找到合适的地方，就马上搬去乡间。离开带给他幸福快乐的房子是很大的牺牲，然而，他的哲学中有一部分正是认为：每向前一步都会有得有失，所以，每当前方道路变得清晰起来，他从不会因对过去的哀叹而感到困惑。我们的计划是远离伦敦，深入真正的农村，摆脱琐事，但又不会离伦敦太远，以免我们的部分工作受到影响。我们在凯特汉姆(Caterham)找到一栋完全符合我们要求的带花园的小房子，4 月份我们搬去了那里。搬家那天，麻烦接连不断，但依伯纳德的性格，他绝不会回避任何麻烦。他的乐观73 开朗和足智多谋足以应对任何紧急状况。我们在空空如也的家里等着搬家的货车，车却陷在几英里以外的泥里，第二天才能到达；而伯纳德竟然为我安排了一次野餐。等我们下山，住进最近的小旅馆时，夜幕早已低垂。

第四章　在凯特汉姆和奥克斯肖特：1897 年至 1903 年

回看往昔，我们在凯特汉姆度过的两年时光不仅仅是一段小插曲，也并非我们定居奥克斯肖特(Oxshott)之前的过渡期，而是一段幸福时光。在那里，伯纳德可以观察四季在乡村的轮回，尽情享受其中的乐趣，他尤其喜欢在小花园里怡然自得地消磨时光。“小花园可以带来无尽的欢乐。”他写信给 F. 彼得斯说。彼得斯在牛津的花园再次为我们的花园提供了很多植物。那块地不大，并且很难打理，周围一圈白桦树和杉树把阳光遮得严严实实；但那些树吸引了很多鸟，观察并辨识这些小鸟给我们带来了新的乐趣。植物学手册也必不可少。在伦敦时，我们两个都学会了骑自行车，在之后的很多年里，这一技能大大地拓展了我们的活动范围——直到后来，汽车将我们赶出公路。我们骑着自行车认识了凯特汉姆周边很大范围内的各种植物，手册中的诸多条目见证着我们的探险之旅。 *74*

伯纳德也依旧保持着伦敦时期的主要兴趣，没有放弃任何他之前积极参与的实践活动，只是参加委员会议的次数有所减少；他的哲学研究也在积极稳步推进，因为他有了更多的创作时间。《道德自我的心理学》在离开伦敦前夕终于成书，所以在凯特汉姆，他主要在写作《关于国家的哲学理论》，该书于 1899 *75*

年6月出版。1898年2月，他致信F.彼得斯，设想自己将来要做的事情："我打算修订一下之前的一些演讲稿，编一本政治哲学的书，这应该花不了一年时间；然后是一本美学手册；再然后是形而上学的著作；然后，或者之前，结束!"

对于想要达成的目标，他心里总是一清二楚，并且在一项任务完成到下一项任务开启之间，基本不会有什么间隔。他预测明显不足的地方在于，当时他并不知道自己将来还会有接近四分之一个世纪的时间进行智力活动，也没有想到自己进行的工作会如此多样。

在凯特汉姆居住期间，我们去了希腊。1896年，我们在瑞士度过了为期六周的假期，尽管天气十分潮湿，但我们仍感觉乐趣无穷，心神畅快。如伯纳德所期望的那样，他游览了自己学术和精神兴趣主要发源地的那个国家，这使他感受到另一种层级的愉悦。他从在雅典不列颠学校(British School)工作的侄子R. C.鲍桑葵那里听说了很多最新的考古学发现，因此，他非常希望能亲眼看到这些古老记录的确证。我们于1898年3月22日离开伦敦，4月底返回，停留时间并不长；我们没有进行更为艰难的内陆旅行，但每一天我们都欢畅无比。这在伯纳德《源于雅典历史的道德教训》("A Moral form Athenian History")(《社会与国际理想》[*Social and International Ideals*])一文中有所反映。他写道："如同过去一般，伟大的生命可以通过伟大的智慧绽放本性之花。"在探讨伯里克利(Pericles)时，他心里肯定也想到了自己在雅典卫城度过的阳光明媚的日子：

76

在他将不朽价值赋予城邦生活的伟大作品中，我们能再一次追寻自然馈赠和天才创造间的绝佳连续性。当然，伯里克利并非第一位着手处理当时雅典中心多岩立面的人，但在他的引导下，雅典成为当时全世界最耀眼的文艺圣地。自古以来，从表面看，雅典是要塞或宫殿，又或者两者兼而有之；事实上，它一直是一座古老的城市。在几个世纪的时间里，通过众多国王和政治家的努力，倾斜的岩石已经被改造为一个平坦广阔的弧形坡面，挡水墙立在周围，建造挡水墙使用的工艺多种多样，显示出这是一代又一代人前赴后继不断建设的结果。 77

所以，今时今日，当我们看到巨大的大理石阶梯和墙面立柱时，当我们看到砖石和鼓状物严丝合缝、矗立在宽广而宏伟的表层时，我们应该想到：一方面，这表面是有生命力的岩石；另一方面，它也是人类的作品。所以，我们可以毫不矛盾地说，如果雅典的伟大在某种意义上是自然的馈赠，那么，其本性最重要的天资、其荣誉之根基是创造了民族精神。

如果假期完全没机会涉猎任何学术内容，那么，伯纳德肯定会感到沮丧，而在这次假期中，不仅有所见所闻带来的乐趣，更重要的是一系列考古学演讲带来的乐趣，我们非常幸运地发现当时加德纳(Gardner)和多普菲尔德(Dörpfield)两位教授正在讲授两门课程，他们的课程旨在展示遗迹的特点和意义。跟着他们在遗迹周围听讲座并非易事，但伯纳德坚持不懈地参加了所有演讲。

然而，给予他乐趣的并不只是古希腊的遗迹。希腊古朴而

78 优美的自然风光强烈地吸引着他；尤其色彩之美，让他一直都非常愉悦。“为什么从来没有人告诉我帕台农神庙是金色的?”他问道。碧海蓝天、艾皮达鲁斯(Epidaurus)周围金灿灿的野生金雀花、山上灿烂的野生花海，都是他快乐的源泉。尤其令他印象深刻的是，野花是那么脆弱，只要摘下来，马上就会垂下头，不久便枯萎了，他认为，希腊人使用染色的羊毛来制作花环和发带，原因便在于此。他的植物学手册在那里根本派不上用场，对于在雅典看到的花朵，我们在书上找不到任何记录。但我们返回英国之后，这一遗憾出乎意料地得以弥补。伯纳德 6 月份写信给他的一个侄女说：“一个迷人的清早，海伦和我在牛津植物园观看了巴恩斯(Barnes[?])希腊花朵的原创绘画，他的那些画作收录于西布索普(Sibthorpe)九卷本的巨著中。那些画作太美了，肯定比那些彩色的雕版漂亮多了。西布索普的著作共九卷，卖 250 英镑，它既不方便携带，也太贵了，我们也不是特别需要！我们认出了我们见过的很多花朵，但他并没有画出所有的种类。”

我们也从卫城买回许多种子，并把它们种在奥克斯肖特的花园里，它们繁茂生长了很多年。

79 我们举家迁往奥克斯肖特，主要是因为我们的朋友洛赫一家打算在那里的公共地(the common)边缘建一栋房子。我们买下了他们旁边那块地，开启了一场非同寻常的冒险——建造自己的房子。我们非常幸运，遇到了史密斯(Smith)和布鲁尔(Brewer)两位建筑师，他们非常友善，总是尽全力听从我们的建议；整个计划和建造过程被证明是件非常有建设性、循序渐进的趣事，伯纳德自始至终都乐在其中。只要他一有时间，我们就会花一天时间骑车从凯特汉姆出发去看工程进度，我们会带着自己的午餐，然后在树林里野餐；1899 年 9 月，我们入住，在那之后，野餐这个习惯延续了很久。

从那时起，直至伯纳德去世前不久，奥克斯肖特一直是他生活的中心；也是在那里，他的哲学创作达到顶峰。我会试着介绍一下他在那儿的生活环境，以及他的生活方式。这些介绍能覆盖这整个 23 年时间，因为这些描述实质上也适用于两个意外事件。一个是他在圣安德鲁斯任职教授这个小插曲，一会儿我会单独叙述。另一个是因为年龄关系，他的活动范围逐渐受限。他已经为他的余生找到归宿，在这里，他越来越满意于自己的工作和生活，用他自己最喜欢引用的话说，他可以“荣耀上帝并与他同在”。对一些人来说，那些“可爱的无聊日子”可能看起来太单调了。他注意到访客第一次来的时候总是会说：“你这里是多么舒适，多么安静啊！”而当他们离开时，离别语变成了：“嗯，这里真是相当的安静，不是吗？”这使他感到非常好笑。在体力衰退前他从未感到单调。在四季的轮回和多样的自然生命中，在朋友的迎来送往和我们偶尔的出游中，更重要的是在稳步推进的工作中，他发现了一些材料，尽管它们平淡无奇，但却能构成少有人实现的丰富且全面的生活。有一次，我们坐在最喜欢的位置上，看着点点星光照在公共地上，他问我：“你会觉得这越来越无趣或者单调吗？”我们一致认为，我们对这些场景越熟悉，就越能感受到它们所揭示的细节和意义的重要性与深度。如果想要体会他对于自然的感觉，那么就必须了解自然

80

在他整个哲学中的地位。“所有有限的心灵，”他曾写道，“都聚焦于外部自然世界的某一特定领域，并且从中获得它们的细节……我们称为低级创造的每一种本能，每一次感到快乐、活力、爱，都是在生命或心灵中聚焦于某些外部状况的结果，这81 甚至遍布整个动物世界，并且非常适合于将他们的最高部分（crown）和顶点（climax）送入那一完整的经验，即整体的生命。”（《个体性的原则与价值》，第371页）

我们的房子很小，但伯纳德信奉柏拉图的观点，认为房子只要够住，那就比大多数房子都还要大。书房是最重要的地方，他在那里完成了大量的作品，里面整齐地摆放着几排书架，被塞得满满当当。新书总是会源源不断地涌进来，怎样处理旧书和多余的书是个经常需要面对的问题。他向来反对将那些他认为差的书送给其他人，因为他认为，那样会将这些低劣甚至错误的观点散播出去；就连一些优秀书籍的早期版本，他都不太放心，我们不止一次地在花园里埋掉大量的书籍。如果是好书，他会把它们送给教育机构。他对书的评价完全基于内容，很容易辨别出哪些是他最喜欢的书，因为它们往往十分破旧，说明主人经常翻阅研读。他常常在他的哲学书籍里随意加注，因此人们可以了解他阅读时的想法和评论。

书房不仅仅放置图书，还可以从多个方面显示伯纳德多样的兴趣。有一段时间，书架上放了两个望远镜和几个显微镜，82 因为年轻的时候，他做了大量和显微镜相关的工作。后来，我们把显微镜一个个都送人了，而望远镜退役之后被放在了前面。书桌的抽屉里有各种各样的工具，其中包括他的修剪器。一把大锯悬挂在书架旁边，另一个书架的顶端放着一个糨糊桶，他经常用它为果树调配喷雾。他过去常常说，有了这些，再加上为胡蜂准备的氰化钾，他能对付一个团。地板上的盒子里有一把用来吓唬小鸟、保护果树的微型鸟枪，一个笨拙的园丁经常把它拿在手里，却从来没有打死过任何小鸟。房间的角落里放着很多年都没有动过的高尔夫击球棍。这不是个容易打理的房间，不过，每样物品都放在那里，随时准备为主人所用。即使是陌生人，也能从中了解他过去和现在的生活。

他总是在一把低矮的椅子上写作，书和报纸散布在他周围的地板上。他常说，他觉得任何桌子都不够大。但很多准备工作都是在书房外进行的，也都是在他日常工作时间之外进行的。例如，他床边总是放着纸笔，早上起床之前，他一般会花大量的时间阅读、记笔记。很多难点在散步的过程中才会理出头绪；并且在我们一起散步时，他有时会和我谈论他正在创作的作品，这些解释可以帮助他厘清思绪。他不太喜欢谈论尚处在创作初期的作品，因为担心思路会在未成熟的状态下变得僵化；但只要写了，他都会读给我听。而且到了晚年，他还常常交代我哪些已经可以出版，哪些在他去世后必须销毁。工作时间受到外部突如其来的打扰有时会让他十分恼怒；例如，他不喜欢陌生人在工作时间没有预约就前来拜访，但所有在家工作的学者都会有类似的要求。他工作时往往会全神贯注，家中日常的噪音不会打扰到他，不过如果确实有无法理解的噪音打扰到他，他就一定会去找到噪音的源头。合意的陪伴不会影响他的工作，到了晚年，他有时会更愿意到我在的房间写作。他没工作的时

83

候，思维也从未停顿或者完全放松，有时，他会偶尔放下手里的小说，或者停下手中做的事儿，但不一会儿，他就会从口袋里掏出铅笔头，找一些旧信封或者信件，在上面写笔记。他在 84 某一阶段思考的问题会一直放在心上，在日常生活中，它们突然就自行解决了，或形成些好的想法。但不管对自己的工作有多么专注，他都不会对现实需求置之不理。他把房屋的保养工作揽为己任，还负责和水管工、建筑工、电工等人员沟通，把和他们之间的摩擦降至最低。不管是对这些工人，还是对他们的工作，他都十分感兴趣，永远也不会加入今天反对工人阶层的抗议中。他总是能得到很好的服务，可能主要因为他并不苛求，尽管他也许并没有意识到这一点——我只见过一个人能做到这一点。他从不会干涉家务，但他对家务非常感兴趣，有困难的时候，他总是愿意用非常实际的方式提供帮助。照顾他的日常起居是一件非常简单的任务，因为尽管他乐于享受美食，也认为人有权享受美食，但他也会平静地接受任何正当或者必要的限制。在所有方面，他都能自我控制(self-control)，在舒适度或者便利性方面进行自我控制对他来说是一种本能，直到去世，我都没能削弱他这种迁就别人的本能。简而言之，他奉行“共同生活的艺术”，并把这项艺术践行到了很难达到的完美境地。

他最常进行的娱乐活动是阅读小说，因为这项活动可以随时进行。他过去常常说，他和他的兄弟们在公学和大学时期就 85 已经养成了这个习惯，旅途中，只要得到零用钱，他们便会买本小说，以此消磨南北间的漫长旅途时光。阅读丝毫没有损伤他的视力，直到晚年，他的视力依然很好。他喜欢各式各样的小说，尽管平时非常注意培养自己的评论能力，但读小说的时候，他会把他敏锐的评论能力暂时搁置起来，因为阅读小说主要是为了休息。他认为，小说家唯一不应该摒弃的是幽默感，这种感觉总能引起他的共鸣。当然，他对某些作家的态度更为严肃；因为诸如梅瑞狄斯（Meredith）、哈代（Hardy），再加上他常常引用的狄更斯（Dickens），这些人的作品是永远不会令他失望的快乐源泉；在近来出版的小说中，德摩根（de Morgan）的每本新书他都热切期盼并想一睹为快。在富于想象力的作品中，《奥德赛》和《神曲》（*Divina Commedia*）自始至终都是他的最爱，《神曲》是他晚年每个周末的必读书目。

他喜欢大声朗读，虽然我们每天只朗读大约 40 分钟，但我们涉猎了大量的文学书籍。他也时常为我朗读希腊经典作品，有时他直接读译本，有时他阅读原文然后再为我翻译，他的翻译鲜少词难达意。我们还读了很多历史书以及传记，其中包括我们曾经反复阅读的博斯威尔（Boswell）的《约翰逊传》（*Life of Johnson*）和洛克哈特（Lockhart）的《斯考特传》（*Life of Scott*）。他不喜欢大声朗读小说，只有为了不使客人厌倦，他才会朗读小说。他认为，如果用朗读的方式读小说，会感觉内容不够丰富，而且故事的发展会很慢。每天开始工作之前，他会先读一遍报纸。午饭过后，他会更为彻底地再研究一遍，如果议会正在进行一些有趣的辩论，他会大声地为我朗读重要演讲。他关心时事政事，而且我们总是会读两份甚至更多份持不同意见的报纸，以便尽可能地了解不同的观点。

86

对于室内游戏，他都不太喜欢。有一小段时间，他尝试下国际象棋，但是他发现，这难以让他放松。纸牌对他没有什么吸引力，最后几年里，我们会定期下五子棋，但主要是为了使他的眼睛得到放松，缓解因长时间阅读而导致的眼疲劳。就算他精通某种游戏，他也不渴望胜利，这是他的一个典型特征。所以，他和对手常常玩得非常愉快，每当获得始料未及的胜利时，他便会欢欣雀跃。

对他来说，花园一直是永恒的欢乐源泉，不过他最喜欢的是园丁不在、他自己照料花园的时候。他给自己派了些工作，比如给玫瑰浇水，给果树打枝或洒水；他总能认真且娴熟地完 87 成这些工作，所以，他的花园一直花果飘香。有几次他单独留在奥克斯肖特，会事无巨细地向我描述他在花园的所有举动，他观察到的植物们的成长和动物们的习性。那个花园的确需要投入很多精力，因为那里的土壤干燥且贫瘠，好像随时都会变回我们刚来时的那种寸草不生的沙土地一样。我们当初之所以会心情愉快地准备耕种它，原因无他，只是我们太无知了。我们种了几百棵树，但很多不久就死了大片，而剩下的树，一直等到把根扎到沙子下面的含水层里，才开始繁茂，能够为我们提供阴凉和遮盖。

花园外面的公共地实际上是花园的延续，伯纳德感觉在那儿就如同在家里一样。在一些或潮湿或晴好的日子里，他会穿过公共地，去车站或更远的地方，或者在那里边散步边安静而愉快地沉思。在他离开我们之后，一位幼年时期曾在公共地看到过他的邻居写信给我说：“对我们所有人来说，他是一个非常可爱的人——有时在荒地上，有时远远地看到他在树林里。”那个地区长满了帚石南和杉树(fir)，基本没有什么植物值得研究。然而，我们确实找到了一些稀有的植物，不过我们从未向外人提过，因为有一年夏天，《观察者》(*Spectator*)的一名记者宣称，在奥克斯肖特的公共地上发现了一种白色的帚石楠，于是，那些所谓的“自然爱好者”蜂拥而至，他们挎着篮子，拿着小铲子，要把每一棵都连根拔起。　88

虽然植物种类稀少，但多样的鸟和昆虫弥补了这一不足。我们在花园里以及周围发现了 40 多种小鸟，观察它们的习性、聆听它们的叫声是经久不衰的欢乐之源。整个夏天，种类繁多的蝴蝶会把公共地选作它们的栖息地；花园里有个人工开凿的小池塘，所以会有大量的蜻蜓频繁地光顾我们的花园；观察那些长着红黄条纹、深浅不一的野生蜜蜂和蜾蠃(mason wasps)也是一大乐事。关于蜾蠃，我们读了很多亨利·法布尔(Henri Fabre)的书。为人所熟知的蜇人的胡蜂也为我们带来一件有些辛酸的趣事：每年都会有大量的胡蜂在公共地、花园里甚至屋檐下构筑它们美丽的蜂巢，对于果树来说，它们具有极强的破坏性，所以，伯纳德成了毁坏蜂巢的行家里手。

斑斓的色彩也是那个地方的一大优点，荆豆(gorse)和帚石楠融为一体的金色和紫色，秋天欧洲蕨(bracken)和桦木(birch)的深金色，春天枝头深浅不一的绿色，都能让伯纳德大饱眼福。即使在冬天，那里的颜色也比其他肥沃土壤更加多样，杉树林或深或浅的暗色和桦木树干的白色、雪花耀目的白色形成鲜明的对比，而潮湿的欧洲蕨变成了赤褐色。冬天，我们会去寻找　89

伐木人，看着他们用砍下的树干或者荆豆的老枝点燃跳动的金色火焰，最后变成层层叠叠的波浪，仿佛日本版画中的海浪。他最为喜欢火焰的颜色，次之是伐木人把新鲜的荆豆和杉树枝扔进火里时火焰泛起的涟漪，这会让他想起瓦格纳(Wagner)的火焰音乐。

除了从事本职工作的伐木人之外，树林里还有很多其他人：有些人为鸟儿收集蚂蚁卵，有些人为花店收集苔藓，还有一些人——主要是意大利人，也包括一些女人——收集食用菌。这些人，还有其他一些人，都为他的散步增添了很多乐趣。

在很长一段时间里，他散步时会走得很远，会穿过树林和费尔麦尔(Fairmile)公共地到达朴茨茅斯公路。后来，路程逐渐缩短。有一段时间，黑池塘(Black Pond)就是我们散步的终点——黑池塘里长有茂密的毛茸茸的芦苇，还有水鸡(water hens)，偶尔还盘旋着大量的蓝蜻蜓。再后来，如果我们能走到我们称为“牧师会礼堂”(Chapter-house)的地方——那是茂密树林中由小树围成的一块空地，就会很有成就感。最后是“哲学家之路”(Philosophen Weg)，离我们花园大门几百码，阳光明媚的日子，它就成了我们的步行大道。然而，无论距离长短，都不会影响我们因贴近自然而体会到的乐趣。

90

假日期间，我们会在成千上万的度假者身上找到乐趣——他们认为，奥克斯肖特是短期出游的好地方。我们刚搬到那里时，很多人非常粗鲁吵闹，在他们离开、一切恢复宁静前，我们很少离开花园。但随着时光流逝，我们发现，人们的行为方式有了很大改善。后来，混在人群中和他们一起散步、体味他们的快乐成了一大乐事。伯纳德在1912年5月写给侄女R. E. 鲍桑葵的信中说：

> 今天，公共地来了很多人，人虽多，但并不会让人觉得吵闹或者破坏了彼此的兴致。我喜欢看他们的家庭聚会，全家一起安静地坐在那里，一边享受乡村风光，一边享用他们的午餐。我们看到聚会中有一个男人胳膊下面夹着一个婴儿，看起来就像外套——我本来以为那是他妻子的大衣，但海伦说："那是一个婴儿，还在踢腿呢！"结果真是个婴儿。现在，我准备出去给杜鹃花(rhododendrons)浇水，还要处理一棵感染了美国疫病的苹果树。我不认为他们会擅自进入花园，尽管他们过去常常在这方面不大礼貌，还对一位批评他们的邻居说："哦！我们经常进来这里。"

91

战争期间，公共地很多树被砍伐，用于制作弹药箱，于是，那里发生了很大的变化。新的颜色框架迅速形成，因为在空地上，不仅桦树的幼苗迅速长了出来，还有很多漂亮的夹竹桃——伯纳德非常喜欢这种花，之前我们只是零星见过一些矮小的品种。我们失去了秋日欧洲蕨的绚丽颜色，因为它们都被当作垃圾清理掉了，但关于这一点，伯纳德又在1920年11月写道："这里的公共地太漂亮了，总是五彩缤纷。秋天的欧洲蕨被清理干净，然后被当成垃圾拉走了，有人认为这一行为会令人反感，但我们不这样认为。公共地变得空旷了，因此似乎更广阔更自由了；我们可以往任何方向散步，感觉比之前开阔多了。"

但公共地有好的一面，也有不好的一面。干燥季节里，公共地总会爆发火灾，曾不止一次快烧到我们的房子。这些山火一旦发生就很难控制，基本都源于从伦敦来的度假者们。他们很少接触自然环境，所以，他们总是鲁莽地把点燃的火柴和烟随手扔进干燥的草丛或者帚石楠丛里。他们甚至会不计后果地把点燃的酒精灯里的酒精直接倒在公共地上。然后，他们就会到处找水，或者无助地站在那里，看着起火范围越来越大：大火随风四处扩散，把大片美丽的金雀花和帚石楠烧成灰烬，最后只剩下一片凄凉的焦黑色。大火通常情况下都发生在周六下午或者周日，一旦发生，居民们就会匆忙地召集人手，拿着树枝扑火。早些年伯纳德也会全力参与这项艰难的工作，但后来他便力不从心了，救火对他来说太危险了，所以更多时候只能焦灼地看着。1921 年，由于长期干旱，情况变得尤其糟糕；泥炭土会自燃，在大面积树林和公共地里闷燃了几个月，只要一有风，随时可能燃起火苗；尽管已经雇了人日夜看守，那些火却很难熄灭，直到旱灾结束。最让人心焦的是 7 月的一个夜晚，雷电击中了我们房子附近的一棵冬青树，冬青树剧烈地燃烧起来，大火沿着它旁边的树篱笆扩散，邻居们都来帮我们，才扑灭了大火。

可能读者读到伯纳德在奥克斯肖特的生活时会认为，那里没有什么值得他高兴的事情，但对他来说，在周围的细枝末节中找到美和乐趣，意味着没有被琐事缠绕，而是把琐事融入更高层次的精神生活中。在《什么是宗教》(*What Religion Is*)一书中，他这样写道："对于宗教思维来说，自然是上帝意志的启示和工具，或者说是其意志的一个启示和工具。"另外，在同一本书中，他在谈论价值时写道："迄今为止，只要价值在世界上的某地产生，那么，那时的那一地便会变为天堂……这些价值是爱、美和真。"他的人生信条正是，我们必须在日常生活中并且通过日常生活寻找我们的天堂。只有那些有幸能和他共同生活的人才能充分了解他在这方面做得有多么成功。

我们初到奥克斯肖特时，和我们住得最近的是洛赫家，他们的花园毗邻我们的花园。伯纳德和查尔斯·洛赫（后来的洛赫爵士）在本科时就是密友，洛赫爵士与伯纳德的朋友弗兰克·彼得斯的妹妹结为夫妇后，他们之间又多了一层联系；不仅如此，他们还经常在慈善组织协会一起工作，这使得他们之间的友谊愈发深厚。他们意气相投，都喜欢艺术、诗歌和自然。在政治问题上，他们的观点不尽相同。尽管在一些问题上有分歧，如自治运动（Home Rule）和布尔战争（Boer War）等，但这丝毫没有给他们的友谊蒙上阴影。

莱德利夫妇（Mr. and Mrs. Ledlie）住得离我们稍远，但长久以来距离也并未冲淡我们的友谊。我们因为伦理学会和慈善组织协会而相识。他们住在离奥克斯肖特几英里远的地方——现在仍住在那里；早些年，我们常常愉快地穿过公共地和树林，步行去他们家，但最后一段时间，这段路程已经超出我们的能力范围，于是，他们便常常来看望我们。这对夫妇应该是唯一一对和我们在政治问题上完全合拍的本地朋友；他们是爱尔兰人，所以，我们的话题大都围绕着爱尔兰问题，以及解决这些问题的多次尝试。通过他们，我们结识了著名的经济学家贡纳（Gonner）教授，我们和贡纳教授就经济问题愉快地聊了很多。

94

关于格雷小姐，她是附近的邻居，经常和伯纳德一起交换他们对于北方乡村的记忆，因为她也是诺森伯兰郡人。有几年，因家庭规模扩大，伯纳德老友的弟弟洛弗尔·彼得斯(Lovell Peters)也搬到了那里，他们经常在周日早晨来访。其他一些邻居也对我们非常友好，并且常常帮助我们，只是很少和我们有共同兴趣。

在奥克斯肖特的早些年间，伯纳德认识了我弟弟亚瑟(Arthur)，后来他们的关系变得非常亲密，他是第二位在伯纳德生命中占据重要地位的亚瑟·邓迪。大约1905年，亚瑟从非洲回国，接受了国王学院(King's College)动物学教授的职位，并举家迁到威布里治(Weybridge)。如果骑自行车的话，花不了多长时间就可以到他的家。他经常带着家里的小辈来访。伯纳德直到去世前都非常喜欢与亚瑟进行长时间的讨论，他对亚瑟科学方面的工作有着浓厚的兴趣，他们讨论的许多问题往往介于生物学和哲学之间。伯纳德是一个很好的舅舅，他和外甥、外甥女相处的愉快程度不亚于与自己的侄女、侄子。后来，他们全家搬往伦敦，不过，我们的交往没有丝毫淡化，还经常会去对方的家里小住。

95

伯纳德的家庭成员——他的兄弟、侄子、侄女，经常会来拜访我们，停留时间有长有短；关于这一点，我注意到——这非常明显——他从来不允许我说“我的亲戚”或者“你的亲戚”，必须要说“我们的亲戚”。

奥克斯肖特离伦敦算不上远，居住在伦敦的朋友们很方便来看我们。伯纳德的表妹麦卡勒姆夫人常常和我们在一起；他之前在牛津的学生J. D.罗杰斯(J. D. Rogers)先生每到周日都会来访，这一习惯保持了很久，直到伯纳德去世。他是一位热情的威尔士人，在音乐和政治经济学方面颇有建树，并且非常健谈。我相信伯纳德最初是通过他才对但丁产生了兴趣。晚年时期，与我们交往最频繁的是霍尔丹(Haldane)勋爵。他在圣安德鲁斯谈到伯纳德的成就之后写道：

> 在这之后，我才有幸常常见到他，才有幸近距离地了解他。在我从政期间，他有时会来伦敦找我，我过去也常常南下去萨里(Surrey)拜访他。有一两次，我和几位将军一起从邻近地区去拜访他，比如对他个性和见解印象非常深刻的伊恩·汉密尔顿(Ian Hamilton)爵士。卸任后，我和他的会面更加频繁，通常是在周三、周六或周日。只要最高法庭(Supreme Tribunals)没有司法会议，我便会逃离伦敦，前往奥克斯肖特，和鲍桑葵夫妇共进午餐，畅所欲言，最后神清气爽地返回伦敦。这些乡村之旅直到他搬去格德斯绿地(Golders Green)后才中断，他去世前生活在绿地的时间不长，我也经常去那里拜访他。我们总是讨论哲学，但也不限于此。因为他仍然密切地关注着公共事务，坚定地支持工党追求更好教育的期望。他加入了不列颠成人教育学院(British Institute for Adult Education)，我和这一学院也有紧密的联系。他坚定地相信，更高层次的知识对普通民众来说至关重要。

96

也有各种各样的偶然来访者，可以毫不夸张地说，他们来自世界各地：欧洲、南北美洲、亚洲和非洲。所有人都非常有趣，也都是出于兴趣才来。据我回忆，最特别的是一位高大、相貌英俊的中国哲学家，他的形象和我们印象中的中国人大相径庭。他写信给一位我们共同的朋友说，他在奥克斯肖特度过一个下午后返家，然后取消了晚餐的约会，把自己关在房间里，以使自己尽量保留住和伯纳德谈话产生的情绪。我想，西方人很少能理解关系性价值(relative value)，他们总是喜欢从一个兴趣匆忙转向另一个兴趣。然而，布拉德利教授在回忆录中谈及不列颠科学院(British Academy)时这样写道："他有很多朋友，我说的朋友指的是，他们拜访伯纳德后会心花怒放，不仅仅因为得到了热情款待，更因为和他的谈话帮助自己理清了思绪、坚定了信仰。"我大学时期的一位朋友在伯纳德去世后写信给我说："我过去常常认为，非常荣幸能和他一起在奥克斯肖特散步。不管是谁，当和他散步回来，肯定会感觉生命是更美好、更伟大的事物。"

97

如果我不提伯纳德工人阶层的朋友们，这肯定是严重的疏忽。帮他打理房屋的人都十分爱戴他，奥克斯肖特独立产业不多，大多数村民受雇于富裕的居民们；伯纳德对公地管理员、伐木工、附近的园丁、当地的建筑工人都十分友好。他的政治观点使他和他们保持着紧密的联系，从受T. H. 格林影响的那段日子起，他一直是进步的自由党人，对工党的期望抱有强烈共鸣，在选举时期，他与他人一同领导了党派对选区保守党力量进行的无望攻击。我写给朋友的信中曾提到过一次发生于1910年1月的情况：

98

伯纳德在科巴姆(Cobham)的演讲相当受欢迎，很多地方都希望请他去帮忙。今晚，他在朗迪顿(Long Ditton)担任主席，那里离这里很远，并且会议时间很晚。我希望彼得斯先生过来吃晚餐，然后和他一起去。周四埃普瑟姆(Epsom)选举部会派车来接他，再去当地的一个"大型集会"演讲。周五，奥克斯肖特浸礼会教堂有一个集会，工人们邀请伯纳德做主席。周一，他在科巴姆有个会议。我希望能到此为止。

同一时期，伯纳德写信给他的侄女R. E.鲍桑葵说：

我正在做一点选举的工作，主要是担任主席并在四五个会议上讲话。在那里一直等着，直到候选人出现，期间还要忍受低劣的演讲，有时感觉很难熬，但总体上，我对于民主的看法有所改善。我们参加彼此的会议(当我说"我们"，我指的是周围的人，我从不参加托利党集会)，人们的讲话从未被粗暴地打断；很多演讲事实上都非常精彩，人们的观点非常明确。

从下面两封信中，可以进一步了解他的政治观点。他1899年11月给F.彼得斯的信中写道： 99

……恐怕洛赫一家和我们在德兰士瓦(Transvaal)问题上意见相左。[1]（如《曼彻斯特卫报》另一天承认的那样）我们现在必须抛弃我们是在打小孩子这一观点。就目前数字来看，每个想知道的人都已经知道了：他们从1895年到现

[1] 鲍桑葵在此处讨论的是第二次布尔战争(1899—1902)，交战双方为英国和南非德兰士瓦共和国。最终，战争以德兰士瓦共和国沦为英国殖民地告终。——译者注

> 在都在艰苦地备战。我觉得这非常正确。对于结局，我比许多人更抱有希望。我想，让仇恨蔓延的主要是那些非战斗人员，尤其是传媒。但总的来说，这不就像两个小孩打架吗？难道我们不该学会相互尊重，并懂得今后要多体谅对方？无论现在发生了什么，布尔人已经军事荣誉加身(撇开对休战等坏信仰的指控，当然这也是最严重的一点)，那么我觉得，他们应该也能接受任何完全合乎宪制的决议而不带任何怨恨。

对我来说，第二封信能完整地展现伯纳德对于自治运动的看法，所以，下面的引文篇幅较长。这封信写于 1893 年 6 月，收信人是他的侄女卡罗琳·鲍桑葵(Caroline Bosanquet)，那时她生活在爱尔兰。

> 关于自治运动和阿尔斯特(Ulster)①，我们之前从未一起谈过这个问题，得知你就这个问题的所见所闻和你的想法，我非常开心。如果向你介绍我的观点，可能需要写一篇论文，不过，我觉得你并不会经常遇到这个问题，而且，如果我手写一篇论文，想来也不会受欢迎。

100

> 当然，双方都有我们的朋友，我们了解了很多相关的事实：有些事实倾向于证明，自治政府不适合爱尔兰人，阿尔斯特人应该完全地服从；有些事实倾向于证明，问题主要在于政府，人们不认为政府可以代表他们，并且不管阿尔斯特运动的出发点是多么真诚，但事实上它并不公正，

① 该地为爱尔兰岛的省份，下辖 9 个郡，但因受英国影响较深，其中 6 个郡并未独立而仍继续归英国管辖，通称为北爱尔兰。——译者注

更重要的是，它的信息也并不灵通。

我觉得，最令我们吃惊的是，尽管两边所列举的事实无疑都反映了真实情况，但他们根据报道他们的那些人的观点来确立自己的立场。宽泛地说，一方面，你们那儿有些人不怎么重视通过人民代表组成的宪制政府，他们考虑的是对人民有好处的具体事项，而非什么东西能与如下事务和谐共处，即渴望以自己的方式表达自我的共同体精神。另一方面，也是宽泛而言，那儿还有一些人像我们自己一样，相信——我想你读过那绝佳的诗句——“尘世中有比议会或者国王更庄严的事物，尽管它戴着面纱”，但通过议会代表制来表现它是人类智慧迄今为止能够设计出的最好方式。

对于真诚相信这些的人，爱尔兰的问题只容许一种解决办法。他们持续且明确地要求成立议会，没有任何国家能通过人民的代表提出如此清晰而坚定的要求，或要求其他措施——至少我是这么认为。有人说，这一要求不切实际，是无知的诉求，以及你、我和我们的朋友比爱尔兰的选举人们更了解，什么对他们来说是更好的。这一点对和我们想法一致的人来说，非常幼稚且迷信。现在讨论的全部问题是，哪一方最清楚什么能表达人民的灵魂和意志，如果代议政府能得以维持，那么这个答案就毫无疑问了。 101

你是否意识到：从宪制的角度来看，爱尔兰现在并没有享受到代议政府的长处，尽管表面看有代议政府的样子，以及质询的能力（power of asking），但却没有回答的能力

(power of answering)。这是个很简单的问题，但很多人却没有看出来。

代议政府的作用在于，行政机关对那些它管辖事务范围内所涉及的人负责，以便体会到切身之痛的人能监督并引导行政。如今的爱尔兰有着特殊的行政部门——它自己的地方政府委员会(Local Government Board)、教育部门等(这证明了它的事务截然不同，因而需要与英格兰不同的独立管理)。但是，这听起来有点不可置信：行政部门不对它所管理的人民负责，而是对威斯敏斯特的议会负责，并且在威斯敏斯特的议会中，这些人民代表只占了一小部分，还被淹没在那些无力处理他们事务或者不能理解他们的人当中。存在这一分离的行政部门证明了现实就是如此——这就是它存在的原因；也就是说，爱尔兰和英格兰需要不同的管理体系。

102

因此，爱尔兰的宪制政府或者议会政府就是个大骗局，本身就足以驱使任何有思想的爱尔兰人火冒三丈并尝试反叛。

在我们搬去奥克斯肖特后到伯纳德去圣安德鲁斯工作前的这段时间里，他只出版了一本书——《柏拉图〈理想国〉中对年轻人的教育》(*The Education of the Young in Plato*)。但他在许多专门场合做了演讲，为亚里士多德学会写了多篇文章。同时，他也在考核印度文官系统的官员。另外，他还经常前往伦敦，因为他还担任着慈善组织协会委员会的副主席、社会学学校(School of Sociology)的主席。在这段时间，我们度过了最为愉快的三个假期，同时还短期拜访了多位朋友。1900年春天，我们去了佛罗伦萨，这也是他第三次去那里。我在前文中已经引述他的信件，介绍了他对那个城市及其各色名胜的喜爱之情。但那是我第一次去意大利，因此普通游客通常会做的事情，我们也都做了，尽管也许我们的方式更为悠闲。这是他一直坚持且从未破坏的处事原则：只花半天时间观光，剩下的半天要么读书，要么散步或者驱车兜风。因为只有这样，他才能精神饱满地继续欣赏那些艺术作品。

103

我们1901年的旅行变得非常不同，7月2日，我们骑自行车出发，游览了温彻斯特、索尔兹伯里和巨石阵，最后在新森林(New Forest)待了一个星期，我们在那里骑行，研究植物。我的日记简短地记下了“不错的沼泽”一词，那里盛放着种类繁多的花儿。

同年12月，我们出发前往罗马，在一个非常舒适的宾馆里住了接近三个月。那个宾馆围绕着花园而建，花园里满是桔子树，这让我们找到了家的感觉。事实上，罗马是唯一一个曾诱使我们离开英格兰，去那里永久定居的城市。它强烈地吸引着伯纳德；那儿的气候、居民、小城里随处可见的美丽风韵、极其多姿多彩的生活乐趣，使得我们认真地考虑过要在那里定居下来，度过我们的余生。但幸运的是，对家的渴望最终占了上风，我们三月份回国，倒也没有什么遗憾。我们随身带着各种简介，遇到了很多有趣的人，其中最著名的是考古学家博尼(Boni)勋爵。在他和伯顿·布朗(Burton Browne)夫人的共同引导下，伯纳德开始进行文物研究。尽管现代罗马对他来说充满

104 了吸引力，但他对文物研究的辛苦付出程度仍不亚于他之前在希腊的研究。我们并不太了解罗马社会，但在那里，人们大部分时间都在户外度过，随处都能找到令我们感兴趣的事物。令我印象最为深刻的是圣诞节清晨，我们前往圣彼得教堂，不仅是为了看风景，更是为了去看乡村人士举家出行、欢畅聚会(festa)的盛景："先进行宗教敬拜，然后和朋友互致敬意，然后跟在牧师盛大的游行队伍后面，或者为亲吻圣彼得的脚趾而长途跋涉。"接下来的日子里，天气非常潮湿，我们把时间都花在了读书上，因为像往常一样，离开家一段时间后，伯纳德就会买一些书，避免过多娱乐带来的厌倦。在我们待在罗马的日子里，他一直在学意大利语，尽管他一直不能流利地用这门语言交流，但却熟悉了不少，所以 20 年后，当他开始研究意大利哲学时，他的工作进行得非常顺利。

第五章 圣安德鲁斯及之后：1903年至1923年

我之前说过，我们最终决定不在罗马定居是件幸事，因为如果真的那样做了，我们就会错过圣安德鲁斯以及它通过新乐趣、新朋友和随之而来的成果所带给我们的一切。我们在那里的5年时间就像戏中戏一样，因为这依旧延续了我们在奥克斯肖特的生活，没有完全休息，尽管不用参加强制性的夏季学期会留给我们漫长的假期。希思农舍(Heath Cottage)仍然是我们的家，每到4月份，我们就会回那里度过夏天那几个月。 *105*

1903年，有人提议伯纳德应该接替里奇(Ritchie)教授的职位——他的突然去世使圣安德鲁斯大学道德哲学讲席的职位空缺了下来。我已经很难想起，到底是什么促使他接受了那份工作。起初，他不太愿意考虑这个职位，认为自己只是候选人之一；另外，他还想着T. H. 格林在1864年申请同一职位时提及的流程。格林写道："我发现为了给人们公平的机会，需要设置各种各样的私人机构。在苏格兰，这些任命被认为带有巨大利益，应该经过'高知阶层'的讨论。这些选举人急于任命最优秀的人才，但又会受到公众就这一问题看法的影响，受到他们获知的候选人员信息的影响。相应地，候选人必须使有利于自己的报道流传开来，还要获得有权势者的好评。"(《格林全集》第三卷，第xii页) *106*

然而，我们发现，我们根本不需要做什么申请工作，只要接受邀请就好了。这一现实困难消除了，而且“北方乡村男儿的本能再一次占了上风”。伯纳德很多早期的社会关系都和苏格兰紧密相连；他自己本身就是半个苏格兰人，喜欢并且了解苏格兰人的性格。而且，相对宁静的6年乡村生活使他的身体有所恢复，他希望他的生活能比之前更繁忙一点。所以，当大学邀请他任职时，他欣然同意了。他当时的印象是，选举人一致同意邀请他来任教；后来，我们才听说，一些神学教授因为他的思想不够正统表示反对。不过，在他无意识的影响下，所有的107 反对意见最后都消失了，尽管他一如既往地从未在学院教堂礼拜仪式上出现。关于这一点，霍尔丹勋爵这样写道：“他对于宗教本身的贡献渐渐得到普遍的赞许，而不仅仅是来自某些神学教授的认可。当他离开后，人们普遍认为，他使得教授和学生的宗教思维水平得到很大提高。”

1903年秋天，我们搬到了我们在圣安德鲁斯的住所——霍华德大街4号，之后马上就投入到大学的日常工作中。住所附近的环境和我们在奥克斯肖特的环境基本上没什么不同。学校提供给我们一套面朝南街的漂亮老宅子，后面附带了一个不错的花园；不过尽管风景如画，路上的石板以及缺少加热装置仍带来很多不便，我们来自南方农村的佣人觉得这非常难以忍受。所以，尽管我们的顾问有点吃惊，但我们还是决定搬到一所景致没那么好但更为现代的房子里，毕竟在那里，我们可以更舒适地度过北方的冬季。我们离沙地及大海都相当近，不过海风没有直接吹向住所。这一点非常重要，因为尽管伯纳德在北方乡村长大，但他对寒冷非常敏感；想要高效工作，他就必须待在温暖的环境里——最好在熊熊燃烧的炉火旁。他的书房在一楼，虽然面积不大，但非常舒适，窗外是一个小花园，因此，他的学生和同事很容易就可以找到书房。和我们其他几间居室一样，书房里悬挂着一些希腊和意大利艺术品的照片，希望可以使我们的住所看起来不那么简陋。 108

伯纳德另一个主要工作地点是他的教室，他同样不遗余力地想使教室更美一些。对于最初分给他的房间来说，这个目标不太可能实现，因为房子的某一前任主人在墙上贴满了老旧印刷品，如果我没记错的话，那些大都是哲学家的画像，整个房间看起来就像个怪诞的博物馆。后来，他又分得另外一间，他花了很多精力，找到几张大幅的雅典卫城和希腊艺术品的照片，希望这些作品可以启迪心灵。

我自己没有亲身参与过他的课堂讲座，但那些参加过的人提供了很多令人印象深刻的证明，显示出这些演讲对于学生们的深刻影响。一位当时的学生写道：

> 对于坐在圣安德鲁斯课堂上的我们来说，他本身就是无与伦比的启迪，每次看到他就总会想起最崇高、最高尚以及最良善的事物。有幸能跟从他学习，常常使人高兴万分。我希望，他现在能知道，他当年在我们心中撒下的神圣种子并没有白白浪费。也许你从未上过他的道德哲学课，但如果你曾经上过的话，你就能感受到他令人惊叹的影响。就连最粗鄙、吵闹的人也会变得安静、真诚，他的演讲教室几乎就是教堂。 109

《美国哲学杂志》(*American Journal of Philosophy*)1923年9月13日刊登了赫恩勒(Hoernle)教授所写的悼词，里面长篇地描述了当时教室的场景：

> 在圣安德鲁斯时，鲍桑葵的性格迷住了和他有过交集的所有人。他的学生在教室的行为最能证明这一点，要知道，按照苏格兰大学的神圣传统，学生们在教室里会非常吵闹粗鲁。在教授进门时，学生们还惯于用鞋子发出刺耳的摩擦声来表示欢迎；如果教授比较内向收敛，或不善于维持纪律，又或是个性不那么有魅力，那么不客气的问候可能会一直持续到课堂结束。学期结束前的最后几次课，班级荣誉和其他奖项的获得者名单公布之后，最难管和吵闹的学生便会按照惯例，绕着教室巡游，如果没人严厉地制止，他们很可能会再来一次，以纪念这一时刻。对于还不了解其性格的新老师，学生们会专门去他们那里巡游。在鲍桑葵的教室里，从一开始，就没有任何难以管束的嘈杂声。第一个学期结束的时候，大量的闹事者涌入他的教室，把他当成新目标，结果却出乎意料，因为他们发现自己被折服了，没人想尝试这样的游行。伯纳德不费吹灰之力就给人们留下了令人心悦诚服地想要尊重他的印象，就连那些最难管束的人也不例外。他的秘诀是什么呢？他其实根本没做出任何努力。他完全不懂使人严格遵守纪律的技巧，也不是一个军事训练员。他从未发出过强硬的命令，不懂如何快速甄别出不守规矩的人，也不会实施严厉的惩罚。更重要的是，学生从不会感觉他的眼睛总是盯着他

110

> 们……唯一能说服我的解释就是，伯纳德的人格魅力和教养会立刻使学生感觉到，他们正在接触一位具备非同寻常品格的人。他有令人心悦诚服地想要尊重的伟大品格，像“奥林匹斯神明般”——这是我现在唯一能想到的、可以表达我所思所想的形容词。尽管一些水平较差的学生只能理解鲍桑葵所讲授内容的一半，他们也仍然能够意识到，他向他们传达的是伟大且庄严的内容——对人类生活和经验的阐释，并且这一阐释一直都在向任何流于表面的印象和习惯性偏见发起挑战；这一阐释加深了此处的洞见，又在彼处进行了拓展，并一直是股强大的“推力”，要求对世界更新颖、更深刻的理解。

在课堂上，他的确并没有为吸引学生们的注意力而刻意做什么；有一次，他写信给我说，他十分惊喜地发现学生们“没有严重走神的迹象”。我想，最大的原因在于他总是不遗余力地备课，希望他的讲演不管是内容还是安排都尽可能最完善妥帖。要知道，并不是所有老师都认为，不计代价、全力以赴地将自己所有的最好知识教给一群难以领悟教学内容的学生是值得的；尽管如此，学生们依旧本能地认识到他的教学内容是多么崇高且伟大，并努力吸收这些内容来表达感激之情。 111

他取得教学成功的另一原因在于，他对于他们追求知识的艰难旅程感同身受。当学生们买不起他们应该阅读的、较为昂贵的书籍时，他尤其会感到遗憾，不过，他尊重他们节俭的生活。1906 年，他的侄子 R. C. 鲍桑葵马上要在利物浦大学任教，伯纳德写信给他说：

> 这些地方性的大学，如利物浦和圣安德鲁斯，有很多共同点——让人们了解了普通教育及其相关需求，而牛津和剑桥则不太可能采用同样的方式。仅仅因为后者教育的 112 是统治阶层，而也许从长远来看，前者没有教育实施统治的阶层？我喜欢它，在这方面，我和格林一样，喜欢这些努力谋生的年轻小伙子们，他们可能在食宿方面每周花 10 或者 15 镑以上，但他们仍然是真正的绅士。……好吧，在利物浦，我料想你肯定会变得更有贵族气，但你肯定也会遇到很多这样的小伙子，如我一位同事对我说的那样，“他们真的很想从你那里得到些什么”。

伯纳德并非只在教室里会见学生；学生们会定期去他的书房找他，请他批改作业并一起探讨。他的助手会帮他分担一些上述工作，也会帮他准备一些更基础的演讲；幸运的是，先后担任他助手的三名年轻学生都能力超群、忠于职守：菲利普斯(Phillips)先生，威尔士人，后来成为牧师；赫恩勒先生，现在威特沃特斯兰德大学(Witwatersrand University)担任教授；布雷豪德(Brehaud)先生，年轻的加拿大人。后来，我们和菲利普斯先生、布雷豪德先生没再见过了，但赫恩勒教授成了我们永远的朋友，伯纳德非常喜欢和他写信交流。

圣安德鲁斯还有一个惯例，我想很多大学也都有：教授每学期都至少会招待学生吃一顿正式的午餐。这种招待有时也会 113 变成麻烦。一些年轻的学生不善于社交，所以，有时候他们不知如何是好，感觉很不自在，但又不知该如何告辞，只能一直留在那里。这导致伯纳德当天错失外出锻炼、呼吸新鲜空气的全部时间段；而他深厚的教养使得他不会给出任何暗示，也不会显示出任何厌倦。对于老生来说，情况就不同了：在和他们的交流过程中，他感到非常愉悦。他们中的很多人来自牧师家庭，我记得非常清楚，有一次，一位学生的父亲前来感谢伯纳德对他孩子的影响。奇妙之处在于，这种如此悄无声息的影响，如何强化了和他交流的人内心宗教信仰中最良善的部分。他的教导绝非旨在削弱信仰，而是致力于拓宽、加深信仰的基础，并且使之成为日常生活中的现实。"信仰的崇高规则在每一个微小事件中都真实存在，"他在给我的信中曾这样写道，"如果人有感觉和洞察力，就会明白。"后来，大学建立了"正餐"(dines)制度，以保证每个学生每天至少能吃上一顿好饭，他又能见到学生们了，因为他和其他大学老师们轮流主持餐会。他向我描述了第一次的经历："午餐非常丰盛且实在，有汤(可能是小豌豆或者扁豆)、兔肉派、糖果布丁。非常安静舒服。"对于一个多年坐在牛津大学高台餐桌旁的人来说，这些菜肴可能看起来微不足道，但我想，他可能从未想要将二者做比较。 114

除了几次报道出来的恶作剧事件外，我从未见他感到烦心。有些学生学习态度懒散或者没有正当理由却旷课，他会感到遗憾，但他会考虑到他们还年轻而降低些要求。然而，每当听到欺凌之类的事件时，他就十分愤怒，毫不妥协地进行谴责。我最后一次看见他勃然大怒是因为美国禁酒主义者约翰逊先生在伦敦受到了不公正的对待；对于这种行为，他从不认为年轻或者一时冲动是合理的借口。

作为教授，他不可避免地把更多的时间花在教务而非教学上。尽管他的同事们都希望为他分担一些工作，但伯纳德一直坚持认为，他应该承担自己分内的职责。在A. C. 布拉德利教授和霍尔丹勋爵为不列颠科学院所作的回忆录中，博内特(Burnet)教授以如下文字描述了伯纳德在圣安德鲁斯大学高效的工作情况：

长时间的实践已经使他能非常娴熟地进行讲演，而且有证据表明，他的教学不仅极具个性，而且非常高效。最好的证据就是，他一直带着一个人数介于30到40之间的普通班级，对于一所当时规模较小的大学来说这个数字相当可观，而且当时哲学在苏格兰大学中的地位岌岌可危。之前，道德哲学是文科生的必修科目，与那时的班级人数相比，他的班级人数并未减少。另外，他从未把自己单单局限于所属的院系中。他一直想和古典学院，尤其是其中的希腊学分支，保持密切的联系。他会定期就柏拉图的《理想国》做讲座，他还将苏格拉底的生平和作品的关键性希腊语文本集结成册，印制出来供他的学生使用。他其实是在通过这一做法，复兴费里尔(Ferrier)在圣安德鲁斯确立的传统，尽管他的知识要比费里尔更为渊博。他教授社会和经济方面的学问，其实与查默斯(Chalmers)在圣安德鲁斯确立的另一传统相关，查默斯在担任这一教席时讲授的就是政治经济学，而非道德哲学。我经常听他说，他非常开心能接任查默斯执掌过的讲席。

115

我们这些同事永远都不会忘记的是，他随时准备与任何关心哲学的人进行长时间的哲学讨论，资历较浅的教授也可以自由加入这些讨论，他常常能把他们，甚至更年长的教授，带到他们所不能企及的高度——这对他们大有裨益。

对于同事们来说，鲍桑葵在教学上取得成功是预料之中的事情。更使他们吃惊的是，他会如此急切地投身于教务中，能如此迅速地掌握具体细节。长久以来，毕业仪式一般是由新进教授负责安排，而他并未拒绝担起这一责任，亲力亲为地安排了几次仪式。1904年，他被任命为代表团成员，与首相就教务进行商谈；同时，他非常关心文学和哲学的高等学位；另外，他在管理教师培训的委员会中任职。“他积极参与评议委员会的商议过程，很少缺席联合学院(United College)文科教员会议。他的实践智慧与丰富经验，有力地帮助了上述组织处理各项事务。”这些句子摘自1908年7月15日大学评议委员会(Senatus Academicus)的会议记录。我们还必须了解的是，评议会的事务不仅非常重要，也非常棘手。我们刚刚开始重建文科专业的课程，各种意见就纷至沓来。7年之后，我们才制定了一个条例，并且是临时性的条例，那时，鲍桑葵已经离开了学校。既然理科的普通学位(pass degree)①已经建立了规章制度，那么理所当然应该重建文科的规章制度。伯纳德来的时候，一切都悬而未决，我们觉得，他不会让自己陷入这个麻烦中。但我们错了；他从一开始就坚持在这些讨论中承担超出他

116

117

① 英国大学生通过了学校安排的课程考试就可以顺利毕业拿到学位，成绩并不是特别好的拿到的是普通学位，成绩优秀拿到的则是荣誉学位(honour degree)。——译者注

> 份额的责任，并且有一点可以肯定，今天我们人文学科毕业体系的建立很大一部分要归功于他。
>
> 还要加上一点，每个人都对他一直保持的教养和耐心赞赏有加。在那段日子中，他有时也不可避免地会在十分激烈的讨论中表明自己的立场；但他在那些他一直投票反对的人中赢得的尊重（甚至是爱戴）绝不输于那些他常常投票赞成的人对他的尊重和爱，这也是千真万确的。

在所有同事中，撰写了上述赞美之词的博内特教授，是伯纳德格外尊重的一位。另一位是斯托特(Stout)教授，伯纳德到圣安德鲁斯工作之前就已经和他是老朋友了，两人共同担任大学的哲学讲席，并且经常在一起交流，可能与我们见面最多的就是斯托特夫妇。赫尔克雷斯(Herkeyless)教授(神学)和帕迪(Purdie)教授(化学)也是他非常欣赏的人，与他们在一起时，他总是非常开心。我们除了共同参加一些纯粹的公务会议之外，也常常在一些纯粹的社交场合见面，如“晚间讨论”。高尔夫球 118 场也是我们经常进行交流的场所。在我们到那里之前，会议讨论这一惯例就已经形成了。晚餐过后，人数不定的教授和新进职员有时会带着各自的妻子去彼此拜访，讨论各式各样的话题：有时是哲学的，有时涵盖各个领域。这些会议每周举行一次，因为太受欢迎，所以必须稍微严格地限制参会人员。伯纳德在1906年2月的信件中这样写道：“我倾向于认为，如果我们继续接纳新成员，我们就不能把圣安德鲁斯的所有教员拒之门外。”后来，哲学越来越占据主导地位，在大圈子里逐渐形成了一个小圈子，哲学教授们和他们的后辈每两周聚会一次，专门讨论纯哲学问题。在这一水准上的讨论非常有趣，也很有价值，但伯纳德认为自己责任重大，不能随意地对待这种聚会，所以，这反而让他压力倍增。

在高尔夫球场的交流就完全不同了，而且成了他最重要的娱乐活动。对他来说，高尔夫球是全新的事物，就像对所有新鲜事物一样，他满怀热情地尝试高尔夫球，定期向和蔼而耐心的职业人士奥克特洛尼（Auchterlonie）求教；只要一有时间，并且天气允许，他就会勤加练习。如此高龄才开始学习，所以，他并没有在这项运动上取得多少进步，但他非常喜欢高尔夫球场，那里光线充足、空气新鲜，并且不乏友人的陪伴。教工中的很多年轻人本身就是优秀的运动员，知道高尔夫球会带给他乐趣，所以几乎每周都会安排一场比赛，并带着他在高尔夫球场大获全胜，以美好的经历来使他心神畅快。他十分清楚，这些年轻人为这些比赛付出了很多，所以他非常感激他们善良的天性。那段时间，他有一次写信给我说：“这彰显了友好的年轻人对待老人的善良之心。”

他也很喜欢高尔夫球场上的民主氛围：不论贫富，不管老少，也无关性别，都要接受平等的规则，只有凭借技巧和教养才能得到尊重。周日不能打比赛的时候，城里的人会携家带口前往伊登茅斯（Edenmouth），我们也常常散步去那里，享受远山的美景和黄沙大海的明媚风光，还有无数盘旋在河口的野生飞禽。那几年每当我因为《济贫法》委员会的工作而不得不离开时，他便会每日给我写信，每一封里面都简要地提及这一快乐之源。“**非常**美丽的午后，”他曾这样写道，“我带着木杆五号铁头

(brassey and mashie)进行了一些击球练习，然后望着大海站了一

120 会儿；习习海风吹拂着蓝白相间的大海，白色的浪花前赴后继涌向岸边，福法的海岸线就这样渐渐退去，太神奇了。”

1908 年，伯纳德和圣安德鲁斯的公务关系结束。那是一段尽管非常辛苦却也非常快乐的日子，但他已经承受不了持续上课的重担，希望回归写作。据我回忆，那五年当中，除了就职演讲《论道德哲学的实践价值》(“On the Practical Value of Moral Philosophy”)和 1907 年 11 月在爱丁堡发表的《一种社会标准》(“A Social Criterion”)外，他没有出版任何其他作品。即使在夏日长假里，他也很难完全放松，因为需要为秋天的工作做准备；并且越来越多的人认为，教授也应该参与夏季学期，这可能进一步缩短了夏季的闲暇时光。伯纳德非常赞成这一工作上的改变，只是他感觉，他的身体已经难以承受新增的工作了。1907 年 1 月 19 日，他写道：“冗长且令人疲倦的评议会于 1 月 25 日结束。尽管有些人反对，但夏季教学的动议已通过——这一动议提出教授和讲师应该参与夏季的工作，除非他们有特别的原因，而这一原因是否合理交由系部评判。我投了赞成票，并且解释说我认为我今年可能难以执行，但明年应该可以。”

121 在当年的三月，他告知校长，他打算辞职；尽管他们提议让他不用参加夏季工作，但他仍然决意辞职，因为他感觉只要还需要准备讲座就会无法从事原创性工作。他写信向我谈起那场决定性的会谈时，明显带着解脱后的轻松态度：“一扇新的大门在我们面前打开；我不知道我们是否应该进入其中。”有一段时间，我们感觉似乎不应该这样做。《济贫法》委员会的工作沉

重地压在我的肩上。1908 年春天，我得了一场大病，这给伯纳德造成了额外的负担，无论工作压力多么大，他一直不辞辛苦地照顾我；另外，他决意要信守他的承诺，完成他夏季学期的工作后再离开。完成这些工作很需要决心，但最终他还是稳妥地完成了，之后回到奥克斯肖特，他开启了也许是成果最为丰硕的写作期。

在圣安德鲁斯期间，还发生了一件和早期经历相关的事。下面的文字引自我 1907 年 4 月 4 日写的一封信："我们在这个毕业季度过了一段非常美好的时光。三一学院院长巴特勒(Butler)博士来校领取荣誉学位。伯纳德在哈罗求学期间，他担任该校校长，看到他对伯纳德的喜爱，我非常开心。昨天，我们受邀和他共进午餐，我们的老校长也在，听他们彼此打趣，真是太有意思了。他们还谈到了他们之前认识的一些老政治家们——主要是迪斯累利(Disraeli)。"

122

这段时间，我们并没有去太远的地方旅行，因为夏季的月份太短了。事实上，要离开奥克斯肖特，真需要点努力。有一封信记录了那段时间："我觉得我们现在不想去其他地方。我们曾初步打算去伯恩茅斯(Bournemouth)，但这里天气好的时候，我们觉得没有什么地方比这里更令人愉悦；天气冷的时候，我们又觉得没有什么地方比这里更舒服。所以我们推迟了旅行计划，现在，我们不想离开春季的鲜花，不想离开这里的玫瑰，也不想离开这里的水果。"然而，1904 年 7 月，我们重温了伯纳德当年的经历——在挪威的峡湾(Norwegian fjords)度过了两周。同年 9 月，我们去了巨石镇，这也是四兄弟最后一次重聚；长兄查尔斯第二年便去世了。1905 年，我们走得比较远，在意大利的湖畔水边度过了一段很愉快的时光。大多数时间，我们待在特雷梅佐(Tremezzo)，在奥尔塔(Orta)只待了几天，此外伯纳德对那里和瓦拉洛(Varallo)神庙里有趣且独特的艺术形式产生了兴趣。1906 年，我们前往泽西(Jersey)的圣布雷拉德(St. Brelade)海湾，在那里，我们不仅调查了当地的《济贫法》执行机关，还在拉莫耶(La Moye)美丽的球场进行了高尔夫练习。回到家，我们的生活恢复如常，只是增加了高尔夫，因为附近有两块球场，虽然没有圣安德鲁斯的球场好，但足以供我们练习实践。伯纳德经常会去伦敦拜访他的老朋友，观看 matinées(午后场表演)，参观美术馆。他希望能紧跟艺术方面的所有新潮流，并且绝不会仅仅因为新创作不能马上愉悦眼睛，就予以谴责。1907 年 6 月，他写道：

123

> 我没去看午后场表演；在裁缝店待到两点半，在新英国艺术馆(the New English Art Club)也待了一会，它在邦德街上的一个小庭院里，我觉得既雅致又安静。所有的图画我都很喜欢，我想他们精通如何维持安静的氛围；尽管周围有一些市场。有五幅萨金特(Sargent)素描；“黎凡特港湾”(Levantine harbour)的船上有一个人在鞠躬，鲜亮的色调，锚链孔的铁锈等等，都在阳光下闪闪发光；“栏杆”——深色大理石材质的带围栏的户外楼梯的顶端曲面，与天空形成鲜明对比，我非常喜欢这幅画。去拜访塔顿，地铁加步行；遇到了暴风雨，他不在家。

1908 年秋天，伯纳德回到了他过去经常消磨时间的地方——依博里街，我们在那里住了下来，因为那里离我的工作地点很近。这是过去时光的重现，他现在没有任何工作压力，能够自由地体验伦敦向来丰富多彩的各种乐趣。10月27日，我这样写道："这是伦敦最糟糕的一段时期，就差一场浓雾了。阴沉，潮湿，路上满是泥泞。我真的觉得伯纳德挺喜欢这里，伦敦的天气让他感觉像在家一样。他现在去柏林顿大厦参加会议，'不列颠雅典学院'，他很可能会带着他侄子或者侄女回家。" 124

我的委员任期于1909年结束，此后我被安排去瑙海姆(Nauheim)疗养，那是我们最后一次出国。那次旅行收获不大，不过我们的确非常喜欢那个小地方的幽默感，并且第一次见到了齐柏林硬式飞艇(Zepplein)。旅行开始变得困难，因为我的精力已经有些不济；对于将来，我们达成一致意见，只去一些力所能及的地方——斯沃尼奇(Swanage)、伯恩茅斯、新森林、欣德黑德(Hindhead)、玻尔山脉(Boar's Hill)、汉普斯特德(Hampstead)。有时伯纳德会独自外出，去做讲座或者处理一些事务，包括1909年独自去伯明翰领取荣誉学位。但大多数时间，我们都待在奥克斯肖特，过着我之前描述的平静生活。那段时间是我们生命中的秋天，是伯纳德经过长期艰苦努力、思想趋于成熟的收获季节，他写了很多书，堪称"年丰时稔"。1911年之前，他一直在筹备《逻辑学》的第二版，然后是吉福德(Gifford)系列演讲，我相信在他看来，这是他最重要的作品。那段时期，125 只有一件事严重影响了他的创作。那是1910年10月，他被迫在疗养院待了三个星期。很多年以来，他一直遭受病痛的折磨，有时甚至难以忍受，最终我们决定接受手术，看会不会对他有所帮助。有一段时间，他感觉病痛有所减轻。这样撑过了1911年，但到了1912年1月，他不得不又回到了疗养院。在那之后，病痛复发的次数有所减少，不过必须要最为精心地照顾。

吉德福系列演讲于1911年和1912年冬天在爱丁堡发表。普林格尔·帕蒂森(Pringle Pattison)教授非常亲切地向我写信：

> 首先我要说的是，能请到鲍桑葵教授为我们做讲座，我们爱丁堡对哲学感兴趣的所有人都认为自己非常幸运。他刚刚辞去圣安德鲁斯的讲席不久，而且据说他正忙于创作一本形而上学的著作，这本形而上学的著作为他所有的重要哲学结论提供了核心点。我们急切地想听他亲口向我们讲述，这已有所预兆的、成熟而全面的理论，吉德福讲席最适合向公众推介这部重要著作。结果远超我们的预期。通常吉德福讲座的听众中有各种各样的人，听众数量也一直都不多，并且随着演讲的推进，数量还会有所减少。或许这么说比较公平：一般而言，演讲者越深入该项课题，也越需要精挑细选的听众。我出席了您丈夫几乎所有的演讲——1911、1912两个年度的11月，全部的20场演讲我出席了15场。最令人称奇的是，他在第一次演讲中就和听众建立了私人关系，并且这种联系从未中断。听众的数量从100人到150人之间不等，但能够看出，其中有很多忠实听众。自然，听众里有很多是获得荣誉学位的学生和刚刚毕业的哲学学生，吸引他们的不仅是演讲的主旨，还有演讲者的个人性格。不仅如此，我发现，在与大学关系紧密的哲学学会随后举办的讨论中，也多次出现了同样的情况。

126

当然，听众中还有很多牧师以及其他一些对哲学感兴趣的普通人。毫无疑问，大量的听众没有经过专业训练，或缺乏足够的知识去紧紧跟随论证中较为艰深的环节，但他们肯定明显地感到，他们能够理解的那些比较平实的观点已经能使自己受益匪浅，并且理解到文字背后蕴藏的丰富知识和经验。事实上，这些演讲之所以具有如此的吸引力，是因为我们能够感受到，我们正在聆听深刻的思想者，压抑着自己的激情，用他能够找到的最为真诚坦率的语言，向我们解释他据以生活的信仰的本质。他在第一卷书的前言中这样写道："最起码，这些演讲记录了强烈的确信。"这会赋予演讲以温度和实在性，我想，即使这些演讲印在纸上，读者也依然能真切地感受到这一点。对我来说，这些演讲是生动且极具启发的回忆，我不止一次重返这些章节，每次都会有新的收获。 127

伯纳德曾经谈到那时的第一场演讲：

好吧，我想还好。那个下午雨下得非常大，看起来非常吓人；如果不是考虑到有人会等我，我会更*愿意*待在家里。校长和四五名大学理事会成员在理事会办公室接见了我，然后，我们带着学术权杖(the Mace)出发；这再也不可能发生了。地点——逻辑学专业的教室——大小刚刚好，就是有点旧，半边已经坐满了，另外半边的前排也满了，后边还有一些座位。你肯定能想到当时的情形：可能有 200 人，两排女士和旁听者，其余是学生。校长的介绍很短，我大约一个小时就结束了。注意力都比较集中……好的方面是我越来越能够意识到可能面对的批评，不过我的确认为有一个观点贯穿始终，抱持善意的人(a wohl-wollender)能够领会；也许他们中有些人在成书之前，就已经从演讲现场学到点什么。

128

后来，他提道："做演讲比我想得更难，但是更有趣，因为现在我在校对时，会用铅笔做一些笔记和符号，用简单的术语代替那些难懂的术语等。我告诉过你吗，上次我在楼梯上听到有人说'总之，你能弄明白他讲的吗?'我会尽可能讲得明白些。"

伯纳德非常熟悉爱丁堡，早年间他就会从巨石镇出发去拜访那里的表亲们。这次，他住在梅尔维尔(Melville)大街60号，一座舒适且提供食宿的房子里；在演讲和准备演讲的间隙，他经常愉快地拜访还在世的家族成员，并且认识了大学里很多哲学教员。普林格尔·帕蒂森教授还带他去见了坎贝尔·弗雷泽①教授；关于这次拜访，他这样写道：

他四点半来的，我们一起去这条街的房子，在一栋像是地下图书馆的建筑中找到了这位老绅士；我觉得那是餐厅，只是给他当了书房，里面堆满了书和报纸。他面相和蔼，头发已经花白了，胡子稀疏，不过打理得很好。他十分健谈，谈了些联合主义者(Unionist)②的领导问题(他说，他非常关注博纳·劳[Bonar Law]，认为他前途无量——他

① 坎贝尔·弗雷泽(Campbell Fraser,1819—1914)，苏格兰神学家、哲学家，也是一位人格观念论者，他的研究专注于贝克莱和洛克，编辑出版了附带注释的这两位思想家的论文集，并撰有《一神论哲学》(*The Philosophy of Theism*)。——译者注

② 英国的联合主义者认为，英格兰、苏格兰、威尔士和北爱尔兰是一个主权国家，即大不列颠和北爱尔兰联合王国，要继续保持这种统一。——译者注

> ［弗雷泽］是联合主义者，我认为是），柏格森（Bergson），还和帕蒂森谈了大学事务。老人记性很好，思想敏锐，走路有些吃力，我们去的时候，他走到了大厅。我很高兴能见到他。我们没谈学术问题；我觉得他可能不想谈，只谈了下贝克莱（Berkeley）是否曾像柏格森那样受欢迎（谈到了哲学运动）。他和我一样，认为这不大可能，尽管他确实是一股非常有影响的哲学力量。

129

11月1日，伯纳德去了格拉斯哥，他这样记述这次出行："在格拉斯哥给学生哲学社团的演讲由学生会主办。我使用了第一次吉福德讲座的校样。然后他们讨论，我回答，从八点聊到十点半；随后一些人去了拉塔（Latta）那里，继续谈到十一点半。琼斯（Jones）主持了这次讲座；他们都说自己非常愉快，琼斯人非常好，可以说非常热情——我想他们对所有来访的客人都是这样，但我仍然感觉很高兴。"

一位被邀请和他面谈的听众这样写道："他深刻而优美的演讲让我心潮澎湃，我很少有这种热血沸腾的感觉，也从来没有像这样由衷地渴望和演讲者进行私下讨论。"

由于爱丁堡距圣安德鲁斯很近，所以伯纳德可以很容易去拜访那里的朋友们。9月份，他就已经去过圣安德鲁斯了，因为大学要举行500周年校庆活动。正是在那一场合，他获得了荣誉学位；再加上格拉斯哥、杜伦（Durham）和伯明翰荣誉学位，以及1907年当选不列颠科学院院士，这些就是他获得的全部公共荣誉了。在爱丁堡停留期间，他多次去圣安德鲁斯和老朋友叙旧，也认识了很多新老师，至少参加了一次不拘礼仪的哲学

130

讨论。有一次，他兴致勃勃地与《金枝》(*Golden Bough*)的作者弗雷泽(Frazer)教授会面——伯纳德十分钦佩他的作品。他还给我读了他为妇女自由协会(Women's Liberal Association)撰写的论文。

总体来说，那是非常劳神伤力的5个星期；尽管他乐在其中，但一直盼着能早日回到平静祥和的奥克斯肖特。到了要发表第二系列演讲的下一个冬天，我就和他一起去了，所以，他能更安静地处理一些事情。朋友们都来拜访我们，而不是他去拜访他们。

我们最后一次返回奥克斯肖特之后，伯纳德的工作主要是发表一些临时性的演讲和论文，有时是在伦敦发表，有时是在偏远城镇发表。大多是纯哲学，例如，在亚里士多德学会上宣读的论文；1913年在曼彻斯特发表的亚当森(Adamson)讲座《心灵及其对象间的区分》(*The Distinction between Mind and its Objects*)；1914年在伦敦大学学院发表的《美学三讲》(*Lectures on* 131 *Aesthetic*)，由麦克米兰出版。随后又举办了三场美学讲座，但他不愿要求出版商在战争期间承担出版费用，手稿后来也丢失了，这的确非常不幸。

在这一阶段的大多数演讲中，他也多次从哲学角度思考社会生活问题，并致力于拓宽社会工作者的视野，使他们能从更广阔的视角观察、思考问题。一些题目显示出他在这个方向上的多种思考：《补偿对乐观主义来说是否必要?》(*Is Compensation Necessary to Optimism?*)(国王女子学院)、《爱国主义的教导》(*The Teaching of Patriotism*)、《追问真实事物》(*The Quest of the*

Real Thing)(利物浦社会科学学会)、《论社会理想的三次演讲》(*Three Lectures on Social Ideals*)(伦敦)、《政治和慈善》(*Politics and Charity*)(牛津)、《哲学和个案工作》(*Philosophy and Case Work*)。战争期间，演讲主题扩展到了国际关系领域。1915 年，他在贝德福德学院(Bedford College)发表了题为《完美国家的爱国主义》(*Patriotism in the Perfect State*)的演讲(收录在牛津大学出版社《国际危机》[*The International Crisis*]一书中)。他将上述大部分演讲收集起来，又加入其他一些内容，合编为 1917 年出版的《社会与国际理想》。

这一时期，他另一个工作重点是即将召开的国际哲学大会(International Congress of Philosophy)。在 1911 年博洛尼亚(Bologna)举行的第四届大会上，他被选为主席，尽管有些顾虑，他还是接受了这一工作。下次大会将在 1915 年召开，但他当时已经感觉体力不如从前，一直担心自己能否顺利完成。事实上，到了 1915 年，他的心脏已经开始出现问题，并且一直在加重，如果大会召开，他将难以担起主持这一重任。同时，这一尚在起步阶段的组织还要完成召开各种委员会议、进行大量通讯工作等任务，尽管行政秘书威尔顿·卡尔(Wildon Carr)教授承担了大量的工作，但还是会有很多工作不可避免地要落到伯纳德的肩头。随着战争爆发，大会显然不可能召开了。伯纳德敏锐地意识到民族间的精神关系的断裂导致了这场灾难，因此，在宣布哲学大会中断的通告中，他还表示要努力为将来的和解保留基础。面对总务委员会某些成员的激烈反对，要达成这一目标并非易事，但大多数成员都接受了下文中的表述：“在宣布不

132

得不中断1915年哲学大会的同时，我们这些总务组织委员会的成员想要表达如下真诚的期盼：整个哲学世界的联合体自1900

133 年这一系列大会的开幕仪式后得以维持至今，似乎也已荣升为永久性的制度，除非外界环境造成迫不得已的中断，否则这一联合体会一直持续下去。我们非常有信心，对哲学的共同兴趣将被证明是一条持久的纽带，在过去历届大会中我们都真切地看到了这一兴趣。”

伯纳德本来期望这些因专业而走在一起的人能有更宽广的视野。他在信中向赫恩勒教授谈起这件事时说道：“我曾起草了一些口吻更为温和的东西，希望和平来临之后能够对所有哲学家保持友好，但我们能共同签署的内容只有这些。考虑到霍尔丹教授和巴尔福(Balfour)也签署了，我想这也不错。我希望它本可能有所助益，但这些文件并没有引起什么注意。”

他如何“看待战争”？首先，可以说他全心全意地支持协约国，十分厌恶德国犯下的罪行。他非常信任爱德华·格雷爵士，并且坚信，在至关重要的那几个月中，所有能够避战的事都做过了。当危机来临时，英格兰别无选择，只能这样行动。但他坚定地拒绝承认，我们因此就在这个问题上毫无责任。战争结束后，他在第三版的《关于国家的哲学理论》中清晰地剖析了问

134 题的起源，我觉得最好引述他自己的话：

> “那时所有的老话都正确无误。”
>
> 这是过去五年发生的事情在我心中留下的最强烈感触。就事实能够证明观念而言，我们年轻时学到的朴素真理又重新展现在我们面前。只有精神上的善才是真实的、稳定

的；世俗和物质的目标都是虚妄且危险的，也是冲突的根源。这简单直白地解释了已发生之事。我们所说的精神上的善是指我们可以和别人分享，同时又不会减少我们自己份额的那种善，而物质上的善则与此相反。正如先贤所说，如果大型文明组织骄傲自满且以物质繁荣为政策导向，那么必然招致与其自身规模程度相当的严重灾难。一般情况下，要进行详尽且确切的预言是很荒谬的。反作用力一直存在，如今亦是如此。罪恶可能已经变成比我们熟知的更加难以觉察和持久的形态。但事实上，大体能确认到这种危险存在；在我看来，当灾难降临到我们身上时，谁也不会真正感到惊讶。如果说基督教和非基督教都信奉的更高层次事物中有什么真知灼见的话，那就是我们是在靠虚妄的想象(ignes suppositos)度日。容我再重复一次我最为强烈的感触——“啊！所有朴素的老话都正确无误”——惊人且难以置信地正确无误。 135

因此，无论过去还是现在，最让人吃惊的是，事件的发展在很多人心中引起了惊愕和憎恨。如果不是可笑地自诩预见未来的能力非常高超，那么叫喊出“啊！你竟然不知道它迟早会以这样或那样的方式出现吗?”仍是自然不过的事情。因此，如果像非洲巫医那样开展工作，凭嗅觉判定并谴责那些因其巫术而对这一危害负责的人，这就不仅是理论错误，还是道德上的不负责。因为黑魔法就在我们所有人身上。

“悲惨的生活中，上帝知晓，

并不需要坏人！激情编织着阴谋，
我们被内里的错误误导。”

毫无疑问，有很多坏人，一些民族甚至已经彻底地欺骗了他们自己。但“坏人”或者“坏民族”的数量还不足以造成这种恶。更为确切地说，是我们这些普通人在为共同目标而毫无理智地协作努力时，单纯且自然地产生了这种恶。之所以说毫无理智，是因为这些目标有合理且必要的一面，但在将这些目标转化到实际生活中，尤其是我之所得就是对方之所失这种目标时，危害就产生了。我们的自然兴趣和天生的爱国主义本身会将我们带入歧途。它们需要一些启发和训练，才能使人类安全地活在这个世界。引发战争的不是国家，不是主权，也不仅仅是德国人或者德国皇帝，而是我们所有人，我们追求我们共同的目标，完全不考虑他人，并且不择手段，这必然将我们引入冲突之中。①

136

早在1918年10月，伯纳德就已经预料到我们将会面临经济困难，他写信给他的侄子说：“我最为担心经济政策，可以肯定，充满敌意的关税是战争的主因。我担心在英格兰有很多邪恶的利益集团，正潜藏着等待不正当地利用那些必要的经济预防措施……在我看来，这些阻碍我们人类交流的东西简直罪大恶极。”

有一段时间，他觉得建立行之有效的国际联盟这一可能性

① 此处引文源于《关于国家的哲学理论》第二版导言，译文根据原书调整了段落划分。中译本可参见伯纳德·鲍桑葵：《关于国家的哲学理论》，汪淑钧译，商务印书馆1995年版，第27—29页。——译者注

不大，但后来，他成了这一联盟的坚定支持者，认为这是唯一能够避免灾难再次降临的手段，他还加入了国家联合社（League of Nations Union）①。现实生活中，他的活动范围不得不受到限制。他做不了什么“战争工作”；除了演讲之外，他能感受到自己所负义务的地方，就是在 1916 年接受慈善组织协会委员会主席一职。他的身体状况让他几乎难以胜任这一职务，为了履职他要在伦敦熬过许多寒冷而黑暗的冬日夜晚——即使是年轻人行走在那样的街道上也非常困难，我经常焦急地等待他平安归来。必要的节俭和限制进一步损害了他的体力，但没什么能压倒这种快乐甚至是渴望，因为他把这些工作看作至少是整体牺牲的一小部分。我们没有儿子，所以我们并没有经历丧子这一终极悲剧；但我们失去了两个侄子，一个是他这边的，一个是我这边的，两个孩子都和他十分亲近，也都很有前途。当时，连我都没有体会到，他对于士兵遭受的伤痛和苦难有多么感同身受——后来我才切身地体会到。

137

与此同时，他毕生的事业稳步推进着；尽管他不得不逐渐缩减工作时间，但他的兴趣却丝毫不减，并且总是尽可能做到最好。这段时期，他并没打算进行大部头的创作，但后来，一个计划逐渐在他心中成形并部分得以实施——他在完成手头工作之后总是会饶有兴趣地为下一个写作计划做打算。1915 年 4 月，他写信给缪尔黑德教授：

① 该组织于 1918 年 10 月在英国建立，旨在实现国际联盟的理想，即在国家间实现永久和平和集体防御，并维护国际正义。该组织是英国当时最大的和平组织，20 世纪 20 年代中期，超过 25 万人成为该组织会员，至 1931 年达 40 多万人。——译者注

> 关于4月11日的信，你建议对讨论的问题做一个共同的重述。我恐怕已经没有能力加入这项事业了。尽管我和从前一样，比如说，坚信布拉德利哲学的基本原理，但我越来越渴望回避争议，还希望尽可能将自己放在年轻人看来是学生的位置上。我想我的时间已经不多了，我希望能够把剩下的时间用来学习，然后从新的角度研究一些事物，如逻辑学。现在进行的研究似乎正在向我暗示，我应该写一本道德哲学的书，但即使是这件事，基于我刚才说的原因，我都不太确定我应不应该去做。这其实也不算新，因为布拉德利正打算再版他的《伦理学研究》，我怀疑自己是否还能写出什么有用的东西。我更倾向于将最后的几年来理清我的思绪，写一些评论，围绕一些特殊的难点写一点论文，而不是重走之前走过的路。长时间工作对我来说已经不太可能了，我必须用好我的时间。

138

他提到的系统讨论道德哲学的著作是他早些时候的工作计划，他多次想把它重新提上日程，但最终都未能执行下去，然而，1917年，他写了一本小书，题为《伦理学的若干建议》(*Some Suggestions in Ethics*)，1919年这本书再版，增加了一章“良知的反对”(Conscientious Objections)，其目的是“帮助那些有兴趣对道德问题进行反思的普通人”。如果我没弄错的话，这本小册子囊括了很多他最为高明同时也最为实际的教诲；同样高明的教诲出现在“无人探访的坟墓”(Unvisited Tombs)和“值得了解的事?”(Something Worth Knowing?)两个章节中，而同样实际的教诲可以在“将做之事”(What to Do)以及“愚行”(Stupidity)两

139

个章节中找到。

大约也就在这个阶段，但我已经记不清楚具体的年份了，他开始对意大利的哲学作家产生特别兴趣。1917 年，他写了一篇评论克罗齐(Croce)的文章，这篇文章于 1918 年 4 月在《评论季刊》(*Quarterly Review*)发表，之后他又写了一篇评论克罗齐美学的论文，于 1919 年 12 月提交给了不列颠科学院，后来发表于学院公报第九卷上。与此同时，他阅读了大量近期出版的意大利哲学著作，他越来越坚信，意大利和英国的思想家们之间没什么交流这一点很遗憾。他希望自己能做点什么来改善这一状况，比如促进两国之间哲学作品的互评。于是，他一方面与《心灵》的编辑取得了联系，另一方面也联系了意大利杂志的编辑。编辑部诚恳地接受了他的建议，他很快发现自己联系到了一些意大利哲学家，并且收到了很多书，有的甚至没有时间去读。他甚至还向《意大利哲学评论杂志》(*Giornale Critico della Filosofia Italiana*)投过至少一篇稿件。他在这方面的研究大都体现在 1921 年出版的《当代哲学各极端的交汇》(*The Meeting of Extremes in Contemporary Philosophy*)中，这也是他渴望将自己放在"年轻人的视角"思考的产物。这是他完成的最后一部作品，但在此之前，他还在这段时期完成了三部其他作品。第一部是一本小书，我们称为《琐珥》(*Zoar*)，因为它"太小"了。1919 年，它在牛津由布莱克韦尔(Blackwell)出版，书中还收录了他唯一发表过的诗集，其中包括他翻译的希腊语、拉丁语和德语诗歌以及对年轻时期的回忆；在挑选、编排这些诗歌时，他非常愉快。而且，与其他书相比，他对这本书的版面设计更为感兴趣；他和出版

140

社讨论印刷装订等事项，并委任他的一位艺术家侄女设计封面。这本书太小了，没有引起什么关注，但他依然收到了很多朋友寄来表示支持和关爱的信件。

《琐珥》只是一个副产品，他一直忙于更为重要的事务。1920年，他的《内涵与线性推理》(*Implication and Linear Inference*)问世，这本书重归他《逻辑学》的主题，再次展示了具体逻辑思维(concrete logical thought)的生命力和创造性，这与普通课本中的“线性推理”截然不同。他将这本书的完成和出版推迟了一段时间，因为他认为这可能和他热切期待的布拉德利第二版141《逻辑原理》发生冲突；只在他和布拉德利见了面，了解到第二版可能还需要一段时间后，他才决定不再等了。他十分重视这次对自己观点的重述，希望它能够得到比之前更加广泛的认同。

第三本书《什么是宗教》(*What is Religion*)获得了较为广泛的认可，读者数量也更多。他深切地感受到那些不能接受常规形式宗教的人需要什么：“这些人感觉到宗教的必要性，但又被呈现在自己面前的各种宗教形态搞昏了头。”他对于战争之痛所带来的变化十分痛心，感到很多人被引向那种不能获得持久满足的地方寻求安慰，于是他希望自己能帮助他们找到更为坚实的基础。这本小书也是他终生满怀激情地引导他人找寻幸福的最终表述，在他自己寻到幸福的地方——精神生活中。

这段时间我们很少离家。要么去汉普斯特德我弟弟那里，要么因为家庭扫除或者粉刷，我们不得不带着书和工作另外找一个安静的地方安顿下来，换个场景继续我们平日的生活。伯142纳德喜欢待在安静的旅馆里；他发现和其他旅客交流会令他耳目一新，而且很容易交到朋友。1916年的春天，有一次我没办法离家，他一个人去斯沃尼奇待了一周；我们之前一起去过他住的那个宾馆，我知道他会在那里得到很好的照料。我们可以从他在那儿写的信件中提取几个片段，来了解他是如何度过那些安静而短暂的假日的：

> 我10点15下楼，把我的论文交给史密斯……然后走到前台。一个灿烂的清晨，阳光明媚，白云朵朵；云朵变幻莫测的影子投射在白垩质的岬角上，远远望去，感觉就像伯恩茅斯的海岸一般；海天之间泛着微微的绿光，简直太美啦。有阳光的地方，我就坐下来休憩片刻；有几朵白云，我便随意漫步。有西南风，可我感觉像我们的东北风。
>
> 尽管早上有几缕阳光，但还是刮着可怕的狂风，我还没出门。我在这儿写信，也许一会儿就会暖和起来。我就在书房这，脚放在壁炉围栏上，感觉还不错……昨天的茶会和晚上都过得很愉快。我可以这样告诉你，从茶会的安排上看，如果女士们拖延了一会儿，就像她们下楼用晚餐时那样，那么可能每个人喝茶时都会感觉怪怪的。但我必须得说，她们看到了这一切，并且很快进行了准备，有礼貌地向两三个受她们关照的男士请求帮助。晚餐前，我发现只有我自己和一位老妇人，她和家人一起在这里度假，143 住在博士山(Box Hill)附近……晚上，她丈夫来了，坐在我旁边，告诉我他叫鲍威尔(Bowell)，是怀特弗里亚尔(Whitefriars)玻璃工人的头头，毕业于牛津，比我早5年，不过，他的头发还是褐色的——一次非常有趣的相识。他

和赫博登(Heberden)是老朋友，我们谈论了很多东西。

……还有外形粗犷但彬彬有礼且非常温柔的老波尔，他迷人的妻子也已经上了岁数，但非常优雅……从他身上，我感到了可怜的鲁莽向前的冲动和随时准备退却的畏缩，很多外国人都给我这种感觉。应该说他很善解人意，我们聊了很多关于波兰及其与俄、德关系的话题，还聊了英国教育，对此他和欧洲大陆普通人持有相同的看法。他很有能力，我想，也很有经验，认识很多有身份的人。

昨天，我度过了一个非常愉快的下午。老波尔告诉我，他走路去了杜尔斯顿海角(Durlston Head,中间穿过很多像花园小路的美丽小径，我记得你驾车去过)。他已经76岁，我想，我应该也能去，尽管山路有些蜿蜒。于是，我两点半出发，希望能来得及在餐馆享受一个私人下午茶。事实上我走得非常悠闲，时不时地坐在面对峡谷的长凳上欣赏一下风景，大约三点半抵达；喝了茶，返程，途中下了阵雨，大约5点，去了图书馆，找两本新书。这种天气又刮起了大风，**增添**了很多乐趣；从餐厅上面的小山看下去，和我以往看到的大海美景一样。我不是很清楚为什么，站在如此高的地方，大风和雾使阳光变幻莫测，白色的波浪在碧绿的海面上翻滚，伯恩茅斯的海岸和怀特岛(Isle of Wight)形状各异的幻影线让人感觉这个景观浑然一体(tout ensemble)。我随身带着帽子和黄色的大衣，所以，突如其来的阵雨对我来说没什么，阵雨停歇后，太阳还是非常温暖。几艘带拖网的捕鱼船，挂着陈旧的船帆，冒着蒸汽，

144

零散地飘着；一个宾馆的人说像是在扫雷……看到海，我非常满足；大海使我非常快乐、兴奋。

另外一个类似的假期也值得一提——伯纳德 1919 年 6 月最后一次前往牛津。我们先是和我的侄女维拉·莱恩·普尔（Vera Lane Poole）住在一起，她的丈夫是圣约翰斯（St. John's）的大学老师。伯纳德非常喜欢听他讲当今的大学生以及他们对工作的热情；那年，很多大学生都参加了战争，在特殊情况下学习。他体力还可以，所以我们也拜访了几位在世的老朋友，重游了我们过去常去的一些地方。对他来说，最珍贵的记忆便是他最后一次见到很少见面的布拉德利，并发现他正忙于校对《逻辑原理》第二版。 145

因为牛津正忙于准备校庆，所以我们搬到了波尔斯山脉旅馆，在那里，我们和我们的侄女爱伦·鲍桑葵（Ellen Bosanquet）会合。我们在那里平静地度过了几个星期，我们在牛津的朋友多次前来拜访。在这平静的生活中有一个下午最为令人印象深刻；那天，塔顿和赫伯登——当时的布列斯诺斯（Brasenose）学院院长和大学副校长，过来和我们一起喝茶，这是四位一起去牛津求学的哈罗男孩中三位的最后一次会面，第四位鲁珀几年前就去世了。坐在那里，听着三位友谊持续了半个世纪但却毫无褪色的老朋友谈论旧日的时光，真是令人愉悦的经历。尽管岁月已经赋予很多荣誉，他们却依然怀揣着学生时代的纯真和热情。

剩下的时日已经不多了。我们又在奥克斯肖特住了两年；那两年麻烦不断，但也很平静幸福。回看往日，我能感到伯纳德的身体日渐衰弱，可能是因为他心态比较平和，以及我们的朋友布莱克韦尔医生专业而用心的照顾，他才能继续和我们在一起。他过去非常喜欢和朋友长时间地散步，但现在这样做只146 会让他精疲力尽，他只能渐渐减少。他散步的圈子越来越小，常常只在花园里。然而他的乐趣和对于生命的兴趣丝毫没有减少——不，应该说在不断增加。1920 年 2 月，他写信给他的侄子："我发现生命在很多方面都令人快乐……免于工作或体育活动的必要召唤，但仍然有很多有趣的工作要做，要出版至少一本书，这总是令人激动。"同年晚些时候，在我们银婚纪念日那天，他写道："我实在想不出我们还需要些什么，只希望您能再给我们几年时间去做些事情。"再后来，他曾经这样对我说："如果这就是他们所谓的晚年，那也真是令人愉快。"

同时，他也在考虑是否有必要离开我们在奥克斯肖特的家，搬进一栋小一点的房子。他再次想到了伦敦，但这次不是因为那里的种种活动，而是为了更容易见到他的朋友，因为我们现在已经不能离家了。他的几个侄女生活在伦敦，他家庭的其他一些成员也经常途经那里。我弟弟和家人也住在格德斯绿地。1922 年春天，我们在弟弟家小住，就在那时，我们才决定搬到离他家步行 10 多分钟的一栋房子里。我们打算 10 月份搬家，所147 以，整个夏季基本都在为这次搬家做准备。我们不得不丢下很多东西，包括很多书；挑选和整理书籍是唯一只能由我们自己做的事。他在完成这一任务时的心情，可以从他 9 月份写给侄子的信中看出来："……我们上周卖了一吨半的书，周一又搬了很多家具去拍卖。我喜欢这些清理和整理的程序。我非常开心选出了 200 本书，它们将构成我将来的哲学图书馆——偶尔还会进些新书。这似乎是在整理思绪……离开这个美丽的地方，我们当然非常遗憾。但我们住得更近了，思想上也更自由了，更靠近汉普斯特德旷野的远端——也是更为安静的那一端。那附近有个公谊会所(Friends' Meeting House)①，也许我们能和那里的人融洽相处。"

和之前一样，他在写这些内容时的态度十分真诚。他不是"在苦中作乐"，而是乐于甚至是热切地接受生活带来的任何变化。他不只在选书时非常快乐，在为留下的那部分书寻找合适的存放场所时亦是如此，而且当我们发现他在书架上为它们留下了足够空间时他就感到非常满意——不只是他的 200 本哲学书，还包括他的诗集、很多大众文学和小说。

10 月份，我们搬进了新家；之所以能顺利搬家，多亏了我们的侄女爱伦·鲍桑葵。很多年以来，她经常陪伴我们，并逐渐融入我们家。她的陪伴给我们带来了很多欢乐，因为她可以和伯纳德谈论他们在巨石镇的家，谈论这个大家族中很多我从未见过的家庭成员；在生病或者困难时期，我们尤其依赖她的帮助。 148

伯纳德专门拿出 4 个月时间，享受新生活环境；我想，这符合他的预期。他的朋友像他希望的那样经常和他聚在一起，他的表妹玛丽·帕特森(Mary Paterson)就住在附近——我在书

① 该场所为基督教公谊会(或译为贵格派)信徒集会的地方。该教派认为每个人都有"内心灵光"(Inner Light)，因此信徒可以直接与上帝联系，而无需任何中介，反对外在权威和繁琐仪式。此外，该派还反对任何形式的战争和暴力，任何人之间都要像兄弟一样，主张和平主义与宗教自由。——译者注

中引用了她留存的很多信件，她是最后一个从外面来看望他的人。他的侄子和侄女经常来，就像我们以前住在依博里街时一样；年轻一代的侄孙女和侄孙子也在去学院或者上大学的路上来看望我们。我的弟弟和他妻子也经常陪伴我们。他参观了一次他非常喜欢的早期绘画大师的展览，听了3场音乐会，最后一场演奏了“弥赛亚”(Messiah)。在哈利路亚合唱曲(Hallelujah Chorus)之后他说：“我从来没想到还能再次听到它!”有三四个周日，他会去他之前期望的那个平静宁和的公谊会所安静地待上几个小时。

149 这段时期的一大乐事便是布拉德利《逻辑原理》第二版终于问世；伯纳德之前还有些担心，不知道能否在生前看到它。这本书慷慨大方地赞扬了他的成就，这令他十分欣喜，因为与其他在世的哲学家相比，他更看重布拉德利对他的评价。同时，他也一直在写作。他非常想完成一部建构性的新作品，开篇部分处理近来几种讨论心灵本质的理论，然后逐渐扩大范围。我们在公共地或者在奥克斯肖特花园散步时，他常常向我提起这一写作计划，但这部作品本就要花费多年时间，而他的写作时间现在大幅缩短，我很怀疑他是否期望在有生之年完成这本书。也有一小段时间，他把它放在一边，为缪尔黑德教授《当代英国哲学》(*Contemporary British Philosophy*)一书撰写文章《生活与哲学》(“Life and Philosophy”)。完成后，他重新开始处理自己更为严肃的任务，每天写几个小时，除了周日要读但丁并写信。每完成一章，他都会读给我听，多年以来，这已经成为他的习惯，他还会向我解释哪些已经可以出版了。最后一次生病时，他把

第三章放在了一个保存他手稿的锡盒里。尽管已经被限制在很小的范围内，但伦敦生活带来的新增活动还是导致他的心脏不堪重负。一开始，我们以为像以前那样卧床休息几天就会恢复；150 但后来又引起了并发症。三个难熬的星期之后的 2 月 8 日，他永远地离开了我们。

在格德斯绿地殡仪馆，他的朋友最后一次聚在他身边，一位风琴手演奏着他最近才听过的，也是他非常喜欢的哈利路亚合唱曲，感谢并礼赞他一生为我们带来的无与伦比的礼物。根据他本人意愿，我们把他的骨灰撒在了花园，把一个只刻着他名字和日期的普通墓碑放置在教堂的回廊里，朝向开阔的、充满阳光的地方。

对我们一些人来说，他未能完成最后一部作品是不可弥补的损失，但他不会为此而遗憾。在“无人探访的坟墓”那一章中，他先是谈到了有一个学生或政治家渴求持续的时间以便能完成自己的作品，之后，他将这个人和另外一个人做了比较，后者“从未感觉他正在失去自己的作品，而是准备将它赠给继任者，要么是尘世中的另一个人，要么是新生的他。更确切地说，对他而言，他的作品会继续吸收世界的整体思想和努力，而且就像被认为是某一作者所写的那样，人们只会在一小段时间内将这一作品与世界整体区分开，而这种区分最为专断且浅薄。简而言之，他并未感觉自己要去世了，而是在无数点组成的新生命中重生，而这定会无限地比他自己的生命更为伟大”。

151 我觉得，很难再进一步谈论他的性格及其如何影响所有认识他的人。我希望，在此讲述他的一生能帮读者稍微弄清伯纳德是怎样的人。作为最后的颂词，我要援引高(Gow)博士在悼念仪式上的讲话：

> 今天，我们不应该长篇大论地讨论，他作为思想家在人类生命终极问题上所撰写的巨著。在世界各地的许多人心中，他作为生命意义的阐释者和揭示者，一直占据着独特的地位。他热衷于追求真理，在他的影响下，人们心中不只崇敬他，而且更为崇敬真理。他的思想并不总是很容易理解，但这并非因为他关注着外部的、超出人类经验的事物，而是因为他处理的是无限的、永恒的真理，我们就在其中生活、穿梭，并找到我们的存在，但没有人能够完全理解和表达它们的重要意义。他全部的教导和生活是合二为一的，都是对宗教信仰的深切表达。
>
> 作为老师，没有人比他更伟大；作为思想家，没有人比他更深刻。他脑中满是徜徉在永恒中的思想，他总是有能力用他的思想影响、激励他人，在他的生命中，他总是忠于他所信仰的原则和真理。他的一生以极其坦率和信任之美著称，也以无比的勇气和深沉的爱著称。他总是寻求发现别人身上的闪光点，他也一直为和平而努力。他习惯性地以自己的宗教信仰为指引。一位不知疲倦的工作者，总是热切地引导发挥别人的优势，并和他所认为终极现实的全然的善融为一体，他的生命始终散发着沉静的欢乐与深沉的平和，而这超越了我们的理解。

152

附录一　伯纳德·鲍桑葵*

如《泰晤士报》所言,1923 年 2 月 8 日离世的伯纳德·鲍桑葵从某种意义上讲是整整一代人心中英国哲学界的灵魂人物。战前，有人建议在 1915 年举办世界哲学大会，他毫无争议地被任命为大会执行委员会主席，代表所有学派。尽管他并未创立某一探寻终极实在之特点的理论或有关绝对的理论——他已经被视作这些理论的代表，但我们完全可以说，他是一位英勇果敢，同时又温文尔雅、彬彬有礼的骑士；他将其标准引入各个领域，并且在面对意料之中的各种质疑时，能够始终如一地保持坦然而镇定的态度。作为与他生活在同一时代的后辈，又碰巧在 19 世纪八九十年代——也是他最为活跃的一段时期——与他交往甚密,《心灵》(*Mind*)杂志的编辑委派给我一项艰难的任务：向读者介绍其人格魅力的同时，也向读者推介他捍卫的那种精妙而高尚的观念论。

他是古老而尊贵的丁格斯托·鲍桑葵家族(Bosanquets of Dingestow)胡格诺派(Huguenot)分支的后代，是诺森伯兰郡巨石

---

* 本文译自 J. H，Muirhead，“Bernard Bosanquet”，*A Quarterly Review of Psychology and Philosophy*，Vol. XXXIL，No. 128，pp. 393-407，吴安新译。作者缪尔黑德(1855—1940)，英国哲学家，著有《盎格鲁-撒克逊哲学中的柏拉图传统：对英美观念论哲学的研究》(*The Platonic Tradition in Anglo-Saxon Philosophy: Studies in the History of Idealism in England and America*)、《作为哲学家的柯勒律治》(*Coleridge as Philosopher*)等。主编丛书“哲学文库”(Library of Philosophy)。——译者注

镇 R. W. 鲍桑葵牧师的幼子，海军上将戴·鲍桑葵爵士（Admiral Sir Day H. Bosanquet）是他的兄长，利物浦大学卡尔·鲍桑葵教授（R. Carr Bosanquet）是他的侄子。他出生于1848年，先后在哈罗公学和牛津大学贝利奥尔（Balliol）学院求学。在他求学期间，乔伊特（Benjamin Jowett）的影响盛极一时。他在学科初次考试（Mods.）和人文学科最终考试（Greats）中均取得第一等成绩，从人文学部（Litterae Humaniores）毕业后，在大学学院先后以研究员（Fellow）和导师（Tutor）的身份任教10年。由于受到哲学的召唤，同时也出于对慈善组织协会（Charity Organisatoin Society）相关社会实践工作的浓厚兴趣——协会秘书是其终生密友查尔斯·洛赫（Charles Loch），鲍桑葵于1881年放弃教职工作，前往伦敦生活。大约5年后——当时他住在伊伯里街的宅子里，我们在筹备伦敦伦理学会的工作中相识，那是由纽约的费利克斯·阿德勒（Felix Adler）教授发起的伦理学运动的一个分支机构。在1921年出版的《当代哲学各极端的交汇》（*Meeting of Extremes in Contemporary Philosophy*）中，他用了一个非常巧妙的隐喻对这段时期进行了描述：理所当然地利用这一场合驳斥一种观点，即以进步为基础的最为开明的伦理学可以成为令人满意的信仰，或者说可以起到宗教的作用。但回望那段日子以及学会当时设定的目标——使大学里最优秀的思想与公民理论和实践问题相结合，他和所有其他人在这一学会上花费的时间是富有成效的。他曾邀请威廉·华莱士（William Wallace）到东伦敦为大众演讲，威廉的演讲给那些偏僻处的学生带来了巨大影响，他评论说，那场演讲使威廉感受到自己作为演讲者的力量。我认为，这一评论也同样适用于鲍桑葵本人。不仅如此，这一事件还促使他将当时只在大学教室里开设的课程引入大学一般拓展项目中。他本人的多部优秀著作，包括《逻辑要义》(*The Essentials of Logic*)、《柏拉图〈理想国〉指南》(*Companion to Plato's Republic for English Readers*)，都是这些课程的成果。我仍然记得，有一次，在教育心理学课程结课后，他愉快地谈到，有学生问他能否继续开设一门"真正的心理学"的课程。

那时，伦敦的哲学家们还有一个聚会基地——刚刚成立不久的亚里士多德学会，其主席和荣誉秘书分别是沙德沃思・霍奇森(Shadworth Hodgson)和 H. 威尔登・卡尔(H. Wildon Carr)。卡尔教授在回忆性文章《岁月拾遗》("Some Personal Recollections")中记录了很多学会创始时期的趣闻轶事以及鲍桑葵与学会的早期联系。鲍桑葵尤其珍惜在学会中与不同经历、不同哲学方法的人相聚的机会。沙德沃思 1894 年退休后，鲍桑葵当选学会主席。

1895 年，他与海伦・邓迪(Helen Dendy)小姐结为连理，那时，海伦活跃于东伦敦的慈善组织协会，同时也因翻译了西格瓦特(Sigwart)的《逻辑学》(*Logic*)而闻名。他在回复一封祝贺其订婚的信件中写道，他们有十足的把握会获得快乐，因为"他们玩的都是同样的游戏"。

1903 年，他接受了当时空缺的圣安德鲁斯大学道德哲学主席的职位，总共任期 5 年。之后，他搬到萨里郡，住进了舒适宜人的奥克斯肖特农庄，他的邻居是老朋友查尔斯・洛赫爵士。去世那年，他搬到了格德斯绿地。1897 年，我离开伦敦之后，与他见面的机会相对来说少了。然而，他曾为了领取学位到过伯明翰，当时，新成立的伯明翰大学为一批德高望重的学者颁发荣誉学位，他便是其中之一；另外，他还多次在伯明翰为亚里士多德学会做演讲。①

我最后一次联系鲍桑葵，是因为一本讨论当代哲学的论文集中需要他的一篇文章。论文集的作者被要求去讲述他们心目中的哲学最根本的问题以及他们对于这一问题的看法是如何形成的。非常幸运，当时我第一个邀请了他，而他也第一个寄回了文章，后来他的文章顺利刊发。他在回复中提到，在其哲学观点形成过程中，浓厚的兴趣是起决定性作用的因素，在本文后半部分，我斗胆使用了这一说法。虽然那并非他最后一部出版作品，但其中包含着在其他作品中难得一见的私人感情，可以说，那是他对同代人最后的嘱托。

承蒙鲍桑葵夫人的好意，上文提到的书包含了一份书单，列举了鲍桑葵全部的著作和文章。如果再次将书单刊登于此，可能得占用一页多我分得的篇幅。这份书单见证了我们这个时代最优秀的一位思想家，为了传递他认为具备深刻实践和理论意义的哲学观点所做的不懈努力。如今一代的作品很少能像他的作品那样包含如此多的真理：stat mole sua（像高山一样巍然屹立）。

---

① 其中有一次，他演讲的题目是《绅士的定义》（“Definition of a Gentleman”）。他对绅士的定义颇具特色：能够根据场合做出适当举动的人。我已经记不清演讲的细节了，但我仍然记得，演讲结束后，我们回到住处，发现大门关着，女佣们已经休息了。他用具体行动展示了他的论点：他从地上抓起一把松散的沙砾，恰到好处地将沙砾扔到她们顶层的窗户上，用最轻柔的敲打声叫醒了她们。

在他去世后才出版的《心灵本性三论》(*Three Chapters on the Nature of Mind*)的第一篇中，他不无赞许地引用道，“人就是其活动所充满的那个范围”；在同一篇中，他对人的作品做出了解释：“人，在艰苦迷茫的情况下，找到一个又一个碎片，最后，成功地从混沌中将碎片拼成各自纯粹而辉煌的理型(forms)。”他还补充说：“我们要在作品中寻找人的全貌(fulness of the man)，而不是在人中寻找比其作品更完整的全貌。”虽然他原本谈论的是诗人和英雄，但这些语句也同样适用于哲学家，并且在某种程度上也适用于他本人。

为了能勾画出“其活动所充满的那个范围”，首先，我会谈到他据以出发的那个原则，也是他所有观点的中心。其次，我会谈到他如何成功地“从混沌中将碎片拼成各自纯粹而辉煌的理型”。最后，尽管本文的初衷不是评论，但我仍然会提到，其中一个重要观点令我感到模棱两可，当然，之所以会这样，是因为“情况实在是艰苦而迷茫”。

70年代早期，众多才华横溢的哲学学生都深受格林和凯尔德(Caird)影响，鲍桑葵便是其中之一。但他们的思想不断发展，已经远超他们的老师对观念论基础原则的论述。与其说“主体和客体的相互影响”、“自我意识”的终极性与包容性和“思想和实在的同一性”是错误的，不如说它们是模糊的。鲍桑葵为自己设下的目标是：将自己认为是至关重要的观点从格林理论方法的偶然性中解脱出来。他认为，格林学说的要义并非认为在知识中心灵的关联活动指向了普遍意识中类似的关联活动，而是认为人类心灵有能力理解整体(a whole)，并且事实上，人类心灵也的确将世界理解为一个整体，尽管理解得不太完美；不仅如此，世界真正的特点只有这样才能被理解。作为一个真实的整体，它必然是一套系统，或者说它比系统更紧密，是一个无所不包并且彻底的事物。[①] 鲍桑葵从未宣称他对观念论基本原则的重新阐释具有原创性。他向来声称那是布拉德利[②]的成就，不过他也承认，布拉德利的成就仅仅使我们睁开了双眼，看到了从柏拉图时代到今时今日所有伟大哲学家肩上的重任。他开始越来越清晰地认识到，哲学家们的重任是提供一个具有普适性的框架，从此以后，所有真正的哲学都必然会落在这一框架内——他将之称为"方案"(plan)，"大师们将方案交给出师的熟练工(journey man)[③]去一点一点执行"[④]。他曾在一篇令人印象深刻的文章中告诉我们，他最深沉的理想是对绝对主义的批评者们说："看吧！看看简单直白的解释(plain tale)[⑤]是如何让你们出丑的。"[⑥]事实上，在鲍桑葵对他所招致的强烈批评的反驳中，尤其是对"新实在论"的反驳中，我们可以发现观念论就心灵之本质、思想以及二者与实在之间的关系做出的最为清晰的崭新阐释。

---

① Art. "Recent Criticism of Green's Ethics," *Artist*, *Soc. Proc.*, 1902.

② 这种受益不是单方面的。鲍桑葵在《知识与实在》(*Knowledge and Reality*)一书中对《逻辑原理》(*Principles of Logic*)二元论倾向的评论对我们了解二人关系非常有启发。布拉德利在新版《逻辑原理》中多次提及，自己从鲍桑葵的评论和他在逻辑学方面的建设性研究中获益良多。

③ 中世纪行会的从业工人分为学徒(apprentices)、出师的熟练工(journeymen)和大师(masters)三个等级。"出师的熟练工"已经完成基本的职业训练，可以被人雇佣，独立开展工作，但仍需提交一件出色的作品才能进阶为"大师"。——译者注

④ *Mind and its Objects*, p. 55.

⑤ 在鲍桑葵思想中，plain tale 是个较为重要的概念，指面对一个事物时，采取一种最直接、最贴近日常经验或最符合常识的解释。——译者注

⑥ *Principle of Individuality and Value*, Preface.

他认为，一方面，当代实在论，作为实在论最好的代表，已经完全摆脱物质主义的污名。另一方面，实在论通过“共现”(compresence)理论使得心灵的作用最小化，在他看来，这不过是对思想真正本质的歪曲，也是对思想与事物之间关系的歪曲。几乎无需多言，他的观点并非基于主观(subjective)对客观(objective)的即时性(immediacy)或优先性，而是基于心灵之本质从一开始(ab initio)便是一个整体，客体(subject)只是其组成部分——一个所有的客体凭借其固有的相对性获得相应位置的世界。“我应该对比我的意识，”他写道，“和氛围(atmosphere)，而不是对比它和物体。”[①]他认为，总体上说，新实在论的观点太狭隘了，将它等同于认知的世界，而认知的世界最多不过是一个我们认为的真实世界的一部分。但就算基于它自身之基础，“简单直白的解释”也可以使它出丑。在我们经验最基础的层面(例如我们对蓝色的感觉)，一方面，我们所有的不仅仅是客体；另一方面，是注意这一行为，我们所有的是一种“影响”(effect)，即在色彩的世界中某个事物得到了欣赏。你可以把它分割开来，但不能割裂它与氛围(atmosphere)，多亏了心灵，才有氛围，有了氛围，它才能成为自己。这一点得到了批判实在论(Critical Realism)的认可，但认可的同时，批判实在论自己变得滑移。最后，它只得到一个“那个”(that)——毫无力量的客体之形式——因为“那个”没有“什么”(what)，而原则上“什么”没有“那个”。存在(existent)是知识的对象，但根本就没有什么可以知道的。断言心灵和它的客体都是绝对的，你最后什么都

① *The Distinction between Mind and its Objects*, p. 27.

没有。[1]

但思想和其媒介普遍性靠自己的力量进入世界，只有在这样的世界中，心灵才能充分展示其本性。如果不挤出其中的水分，便很难提炼出诸如“具体的普遍”(concrete universal)这类在鲍桑葵看来意义重大的学说。从本质上讲，其中两点能使它和概念论(conceptualism)及实在论泾渭分明地区分开来。对概念论者来说，它反对黑格尔众所周知的一个观点，即普遍性(三角、公正、国家等)是具有差异性的真正同一，在具备独特差异性的某一特例中展示自己的相同原则。当然，鉴于其抽象性，它具备普遍性，但其普遍性并非它的本质。其本质是在术语——三角，人，国家——所指代的系统内各关系的规定性。我认为，鲍桑葵没有清晰阐明，关于这一普遍的本质的看法如何关联于所谓的种类的普遍性。他肯定会抵制任何试图摒弃同一结构(identical structure)这一理念[2]的理论，即使是抽象普遍性理论也不例外。对于认为普遍性不过是外在于心灵的僵化客体的现实主义者，鲍桑葵会这样反驳他们：它是具有生命力的力量，可以在心灵中获得自我发展的条件，或者说(如果这本身太易于引人想起外在性)这股力量既构成了心灵的本质，同时也构成了实在具有生命力的冲动。

---

① *The Meeting of Extremes in Contemporary Philosophy*, p. 136.

② 斯托特(Stout)教授曾在多个场合试图调和统一性原则和一个可行的抽象普遍性理论。*Hertz Lecture* for the British Academy and cp. *Relativity, Logic and Mysticism*, 1923, p. 114, foll.

鲍桑葵认为：“所有的思想都是普遍性的自我维护，每个普遍性从某一角度来说都是创造。每个普遍性都是不断成长的生物。”①一些理论家(实在论者和观念论者)反对思想能构建感知的具体实在，他则完全走上了与之相反的道路。到目前为止，它并非某些进入我们心灵的事物，“我们心灵中的某种天使”，或者“某一类似魔镜的特殊事物或媒介”，而是具有控制权的实在事物，“在一个也许可以称为心灵的精神物质的复合体中，基于其独特的规则对实在的自我确认。一言以蔽之，不断增长的、连贯一致的经验体对我们心理过程的统治，便是我们所说的思想。”②

很明显，这一学说并不是简单的观念论。观念论这一名称是否名副其实是值得怀疑的。如果是的话，那么我们可以认为，观念论已经完全摆脱了心灵主义(mentalism)，它不认为心灵某种意义上创造了实在，而认为实在是心灵活生生的冲动。随着这一观点在鲍桑葵自身思想中不断发展，我们可以看出，他在使用“心灵”一词时越来越犹豫不决。他在去世前最后写的几个章节中写道：“思考的……是我自己而非我的心灵，正是我自己在进行思考，因为我自己是活生生且不断成长的实在，我已经搭建起这一实在，也正在将这一实在搭建成无与伦比的(par excellence)我的世界。”关于这一观点的评论和结论，他写道：“组织有序、持久存在的事物被建立为我的永久自我(standing self)

① *Three Chapters on the Nature of Mind*, p. 66.

② *Three Chapters on the Nature of Mind*, pp. 72 & 157.

的中心,[1] 负责管理，并朝向更全面的自我表达发展，通过挑选与其自身一致的，拒斥从整体看与自身不一致的。”如果有人反驳说，这没给自由留下空间，那么，鲍桑葵肯定会迅速而决绝地回答：“谈论自由又将思想排除在外的人根本不知道他们自己在说什么。”[2]

鲍桑葵的写作生涯可以泾渭分明地划分为三个阶段：早期，他的工作重心在逻辑学；中期，伦理学和美学成为他主要的兴趣点；晚期，他主要聚焦于绝对论在宗教领域的意义。

我们可以理解，对抓住了整体性(totality)原则之意义的人来说，他们的工作类似“熟练工”，在不同的经验领域详细地展示整体性原则的运用，因此这也是广义的逻辑工作。但我们同样也可以理解，作为过程之科学的狭义逻辑学——实在凭借这一过程在心灵媒介中获得我们称为真理的理想表达——如何成为他关注的首要对象。

如今一代人已经很难想象70年代这一领域的混乱状况，与其说在那个时代，“每个人都在做着自己眼中正确的事情”，不如说根本没人在做任何事情。一方面，旧的三段论逻辑依然混乱地依附于必然联系(necessary connexion)学说，在杰文斯(Jevons)手里成了同一性的形式原则。另一方面，有着复杂结构的

---

① 此处鲍桑葵的说法有些怪，译者就此专门请教了斯威特教授。其实鲍桑葵这里是在谈论自我与世界之间的一种辩证运动，不过这里的自我要采取一种广泛的理解，即不是身心关系中的作为心的自我，而是一个人的整体。一方面，自我需要作为消极对象接受外部经验才能不断成长发展，这也是为什么鲍桑葵会说“事物被建立为自我的一部分”。另一方面，自我也不是单纯的消极对象，它还有积极的方面，如在个体中存在一种朝向绝对的冲动，不断地主动吸纳外部事物，将它们有序地组织起来，使它们融贯为一体。——译者注

② *Three Chapters on the Nature of Mind*, p. 75.

经验主义逻辑学寻求将推理的基础建立在特殊物的相似性和联系上。在格林的演讲中，这些死灰就已经复燃，而他开始的工作则由布拉德利充满活力地执行，批判当时的三段论和归纳性推理。鲍桑葵总是乐于承认布拉德利及其他逻辑学学者，尤其是洛采，对他的帮助，但没有理由可以使我们相信，其作品形式的整个构想和促使这一构想完成的灵感都完全从别人那里而来。一方面，他自己曾经明确地向我们表明，他的逻辑学[①]的目的在于：彻底去除线性推理的整个构想，既包括诸如归纳法那样通过实例自下而上进行的推论，也包括诸如三段论那样基于他称为“不完美逻辑的深层基础”通过普遍性自上而下进行的推论；然后用系统、融贯或者在整体中的位置等理念取而代之，它们是过程中真正的神经细胞，通过这些细胞，我们可以“知此而知彼”。另一方面，他也承认，在创作主要作品之时，他并没有完全想好“哪些计划和精神能够使这个推理故事成为新事物”。这也是他在之后的著作中重点想要厘清的问题。[②] 将它们综合起来考虑，我认为能够为它们声明的是：它们所体现的推论本质之理论迟早会给整个逻辑科学带来革命性的影响。未来的逻辑学并未设想推论的基础在于实例——不管实例多么纯净且被认为相反于能得到完全规定的所有证据，也未设想其在于临时(ad hoc)想出含义的先验的(a priori)原则，而是设想其在于“主体或话语普遍性本身——作为一个具体的经验的整体，并用全部实在之力推动心灵，将之塑造为自我”。

---

① *Logic or, The Morphology of Knowledge*, Oxford, 1888.

② *Implication and Linear Inference*, 1920; v. pp. 43, 115n.

在一篇至今尚未发表的文章中，伯纳德评论说，1876年布拉德利《伦理学研究》(*Ethical Studies*)的出版对自己以及很多其他人来说具有划时代的意义。这部作品对他来说十分重要，不仅因为它“重新论述并且总结了”享乐主义的讨论，更因为它为重新阐释康德伦理学奠定了基础。同时他还表达了不解：为什么它的哲学含义时至今日仍然没有得到完全认识。部分原因在于，他感觉这部作品已经在这一领域做了非常彻底的研究，以至他自己从未尝试系统地处理伦理哲学，尽管在80和90年代[①]他专注于伦理学研究。我们可以从《柏拉图〈理想国〉指南》，《论文和演讲集》(*Lectures and Addresses*)以及1918年出版的一本小书《伦理学的若干建议》(*Some Suggestions in Ethics*)中了解他的观点。我认为，他想做的主要是在柏拉图的精神中对道德善的理念进行延伸，使其包含诸如美、真等非个人目标。对他来说，问题不再是如何调和快乐和义务、利己主义和利他主义，而是如何形成一种理论，可以使这些对立的事物成为人类善这一整体的从属因素。伴随着这一理论问题，还有一个现实问题：“考虑到最初的自我和环境，问题变成了如何找到或构建一种生活，能使它们得到公平的对待，并且能够揭示它们所蕴含的所有价值，这些价值会‘汇聚’并‘正确地处理那一状况’。”[②]他由此厘清了苏格拉底有关善知识的概念精髓，即苏格拉底给予善一种具备压倒性专业热情的强力，能够与训练有素的匠人的专业热情相媲美。“将善等同于训练有素且良好的性格，善于并且乐于

① See J. H, Muirhead, “Bernard Bosanquet,” *A Quarterly Review of Psychology and Philosophy*, Vol. XXXIL, No. 128, p. 394.

② *Suggestions*, p. 180.

实现作为整体的理想自我，”他写道，“对我来说一直是一大乐事；我认为知性主义者(intellectualist)对苏格拉底和柏拉图意义的阐释是不合时宜的，也很无知。”①

可能是由于上述观点，再加上他考虑到当时学界的争议，且认为格林普遍意志学说值得学界的再次聚焦，所以，当时的他开始将大量的注意力投向政治理论。在同一篇文章中，他向我们表明，由于受到格林、阿诺德·汤恩比(Arnold Toynbee)和C. S. 洛赫的影响，他开始意识到，“了解意志的本质和共同生活的艺术是一项紧迫且必要的任务，它们应该与精神存在的其他形式联系起来，展示作为个人主义和虚伪主权之基础的‘初次印象’(the first look)学说不融贯且人造的本质，”同时也可以展示这一任务能够便捷地“与其他努力相互联系，从而可以根据批判标准——一个积极的非对立的整体——展示真理”。对他来说，这仅仅是一个“简单直白的解释”的一部分，所有团体生活都是其结果，这种生活还依赖如下理念在无数意志中的运行，即要求无数的意志忠诚于自己的合作整体。他这一学说的实质并非在宣扬存在一个有权统治、压制个人意志的超级意志，而是这样一个简单的事实：能够赋予个人意志向善力量的是个人意志从合作性意志的合流中所得到的支持，这些合作性意志支撑着社会结构，给予或多或少对社会目的的有意识引导。如果将这种合作性意志等同于社会的“真实”意志，那么，其荒谬程度不亚于将良知看作某个人真实的声音。同样，在任何场合下，将它分解为个别意志单纯的突然集聚也是不可能的。确切地说，它

① Art. On “Life and Philosophy” shortly to appear in *Contemporary Philosophy*.

带有全新的性质，“它源自于诸多个人的合作，但它揭示了这些个体身上一个崭新的性格，并将他们展示为他们作为一个个并列单元所不会表现出来的样子”。[1] 如果鲍桑葵看起来过分重视这一意志在各个国家中的体现，那是因为他深信对脾性和习惯的最初且不可或缺的训导，更大的联合只能从这一训导中发展出来，而组织有序的政治统一体自身便可以有效地提供这一训导。他和格林都认为，人类的热情和良好市民与诚实邻居的热情就是同一回事，并且他也不会忘记，这只是同一道路上的下一个舞台。

如果本文旨在对鲍桑葵作品进行全面论述，那么，仅用一个小段落去描述其美学作品显然是不够的。那些日子里，我们每个人都深受罗斯金（Ruskin）和威廉·莫里斯（William Morris）的影响，也都清晰地意识到了他所说的美学经历中“深刻的思辨兴趣”。他在美中看到了更高层次的统一。在此，普遍性和特殊性，自由和必然，精神和自然，畅快会面，彼此轻触。与其他任何领域相比，这一领域即将到来的革命性理念都更具重要意义。鉴于上述观点，他提出：“从原则上来说，传统二元论的整套观点都已经并且永远过时了。这一世界和另一世界，后验和先验，自然和超自然，以及它们的全部成员，即那些被看作象征着存在和经验二元对立王国的事物，对未来而言都是无稽之谈。”[2]对他来说，上述观点便是美学哲学史向我们展示的内

① *Some Suggestions in Ethics*, p. 36.

② “Life and Philosophy.”

容，[①] 他用这些观点去对抗他认为半真半假的当代理论。更为重要的是这些理论没能意识到它的深度和重要性，因为这一点，他感觉诸如贝内代托·克罗齐(Benedetto Croce)等人的理论应该受到谴责。

后半生，他触及更多普遍性研究，以期在对宗教意识的阐释中将自己的中心原则付诸实施。他敏锐地感觉到这一现代哲学领域中各种问题的复杂性，很多问题难以找到确切的答案。但他同时也认为，可能会存在一个“简单直白的解释”，能够满足人类的现实需要，并且足以证明是“意志坚定、思想开放的人类的合理信仰”。[②]

无论如何，似乎可以阐明，蕴含着最高价值的他的核心原则和实现那些价值的条件能彼此和谐。如果事物中的动力原则的确是实现内在融贯的努力，换句话说，是实现个体性和稳定性的努力，那么，价值和满足原则也必然是它。经验也有其适当的价值，因为整体的丰富性(the fulness of the whole)从中找到了和谐的表达方式。因此，最值得关注的不是我们单独的个体性，而是经验的全面性和一致性，而经验可以通过我们在有限自我中体会到的心理状况显示其自身。在设想灵魂的生活时，鲍桑葵寻求彻底改变普遍精神，要求我们不要将绝对看作“遥远的或超验的”事物，而应该看作“我们努力所达到的最高水准，随着日常经验而不断波动，我们的精神也就现实地存在于这一

① 由于本文作者要为“哲学文库”丛书中的《美学史》负一定的责任，或许不该由他来抱怨，对众多哲学学生来说，这本书仍是一个有待开采出正确的和有建设性的批评的富矿。

② *Principle of Individuality and Value*, Preface init. and p. 30.

努力中，并且在其中拥有它们自己的存在"，而每个自我"更像是上下起伏的浪潮，相比于孤零零的有固定边缘的柱体，浪潮覆盖了更广泛的空间，在回落时纵向也更深邃"。因此，最重要的并非经验中心的数量，而是其水平的多样性；所以，一与多(the one and the many)的问题并非要调和实质性实在事物(substantive reals)的多样性和最高实在(supreme reality)的单一性，而是如何调和不同的水准与包含并代表所有水准的最高事物这一概念。[①]

与此观点和谐共生的是他关于进步的观点：进步是整体精神在人之精神中运作的结果。他认为："进步的原则就在意志本身之中。""进步的机会永远不会错失。"当代哲学进步观的瑕疵并非它过于强调向上运动的连续性，而是过于指望将来能完成现在的承诺。他写道："对将来的依赖，在我看来，似乎是真正的病态。"[②]他甚至不愿意承认短暂获得和无限进步结合的理论。这样的观点使得我们仍处在道德的水平，而道德与宗教相比，或与超越宗教之外的事物相比，显著特征是这一错误的无限难以让人满意。他宣称："我相信，进步哲学的标准就是如何调和创造性成就在自我中的感觉，即对良善事业的促进，和它对完美的承认和接受——完美并非通过它自身的有限运动获得，尽管它在其中被代表；简而言之，即如何调和道德与宗教二者的态度和假定。"[③]要想达成这一调和，必须抛弃线性的进步观念，转

① *Principle of Individuality and Value*, p. 295.
② *Principle of Individuality and Value*, p. 295.
③ *Principle of Individuality and Value*, p. 296.

而认为进步的观念应该是"无空隙的、三维的"[①]，是不变的、持续的启示。对他来说，失败之处似乎在于对"新观念论"的谴责。它没能"看出对其他人来说显而易见的一些启示：价值的无限根源正在朝每个方向迸发，并且在所有的进步中——有限在其中挑选并继续这样或那样的特定事业——有一些由于有限的选择而被抛弃，但这一选择对整体启示来说却至关重要。他称为"有限历史的限制性渠道"[②]有可能成为整体的丰富性的合适载体，这一点是难以想象的。

我们可以从上述观点推断出，宇宙被承认是"各种类型的生命展示自己的华丽舞台"，另外，所有有限都会被纳入其中，但这一承认既没有被等同于哲学，也没有被视为宗教。它不是哲学；更准确地说，当我们处在最好状态时都会意识到它，即"我们对于包罗万象世界的常识，哲学作为一种反映世界的理论是与其一致的。它也非宗教，宗教位于其中，本身就是其中的一个特点或特性，它需要宗教去拓宽自己，改善自己，因为宗教可以防止它的其他组成部分恶化，成为敌对因素。同之前一样，在此亦是如此，整体——包罗万象的、无所不在的世界——是我们理论的最终口号"。[③]

如果鲍桑葵最忠诚的支持者试图分析其所有作品带给他们的感受，我想，他们肯定会感觉到一种伟大的哲学本能以及鲜明坚毅的个人品质。黑格尔的观念论最初得到格林和凯

---

① *Principle of Individuality and Value*, p. 325. 威廉·詹姆斯(William James)也同意这一点。

② *The Meeting of Extremes in Contemporary Philosophy*, p. 207.

③ *Value and Destiny*, p. 312.

尔德阐释，布拉德利后来又进行了重新阐释，但鲍桑葵洞察了当今社会对这一理论的需求，将它引入各个领域，毫无疑问，鲍桑葵在哲学史中写下浓墨重彩的一笔。现在这一场合无法估量其重要而广泛的意义，也许适合评估它的时代还没来临。然而，也许我可以说点什么——不过这并非评论，而更像是解释某些作者的评论基础。他们大都认为自己和鲍桑葵属同一派，也都反对与鲍桑葵联系甚密的观念论学说的后来发展。

《心灵》的读者熟悉上文提到的发展过程。可以说，其起点是格林教导的在建构我们认为是真实世界过程中的关联性思考活动的学说。凯尔德从更为全面的黑格尔主义出发推进了这一点，强调具有自我意识的理智，将其看作无所不包的原则，坚实地包含了所有关系，使我们相信了知识和实在的终极统一。之后，开始强调道德成就和它赋予个性的稳定性，将之看作实在和价值的终极标准。格林的学说对此的阐释最为清楚，也最为突出。他写道，“所有的价值都和为人类设定的价值有关，和人类拥有的价值有关，并且和存在于人类中的价值有关”，“如果正在发展的事物本身便是自我意识的主体，那么，发展结果的存在不仅仅是为了(for)，而是在于(in)并且作为(as)一个自我意识的主体。”伴随其整个思路而来的是《现象与实在》(*Appearance and Reality*)那尖刻的评论，宣称关系是自相矛盾的，拒绝个性享有任何终极价值，就像我们在有限主体那里发现的那样。我们毫不怀疑鲍桑葵对布拉德利观点的赞同。他曾宣称：“我简直难以相信绝对的最高目的是促进像我自己感觉的自我那样的存在。”[①]但他本人一直非常感激格林，并且非常乐于表达这种感激。最让人敬佩的是他谈论一些年长思想家时的诚恳态度，这一诚恳态度使得他不愿意承认自己的学说和从布拉德利那里学到的有任何相悖之处。面对一个基本问题上的明显对立时，他用了一篇特色鲜明且闻名于世的文章[②]进行回应。他指出，格林理论的实质不是“宣扬发展目标是我们的个性，而是认为发展目标应该是一个个性”。就连个性的全部理念，在格林看来，也一直是超出个人的整体的从属部分。

大多数格林的学生肯定都已经意识到这一阐释有瑕疵，总感觉似乎漏掉了什么。就连在其他方面完全赞同鲍桑葵意见的学者也更倾向于强调，古老观念论中的个性学说和布拉德利的绝对学说不相容。作为了解实在特征线索的整体性原则和我们对它的了解没有受到质疑。受到质疑的是我们对它的阐释，这一阐释使它和个性的诉求产生了尖锐的对立——众多与其目的和意图相关的事物，排除了任何形式的个人生存之状况。

对于这一争论的细节，我无意探讨。近来，这一争论达到了白热化的程度，在有限个体所谓的形容性特征研讨会上是这样；[③] 在亨利·琼斯爵士的《质疑之信仰》(*Faith that Enquires*)一书中也是如此，在书中，作者着重讨论了鲍桑葵过于强调自我超越——与自我实现的积极作用相比——所显现出的消极变化。我认为，我们的确难以否认：鲍桑葵因为其论文的形式，也因为过于强调他所谓的“有限个性的积极的不融贯，自我抗拒和自

① *Life and Finite Individuality*(Arist. Soc. Proc.), 1918.
② *Value and Destiny*, p. 277, foll.
③ *Life and Finite Individuality*, quoted above.

我矛盾”，招致了批评。但我同样也认为，如同我们在其他更具建设性的表述中可以读到的那样，他在绝对和有限经验之关系的学说中提出了另外一种阐释方式。在上文引述的颇具争议性的文章中，他甚至宣称，只要“暂时的个体”（provisional individual）在它真正的地方，并且是在与高级整体统一的情况下得到理解的，那么“它就是并且将会是真实的”，并且“如果如此得到理解的话，那么它可以毫不夸张地被认为是实质性的”。但我不想强调这一调和他与他的批判者的建议。很有可能，鲍桑葵自己也会否决这一建议。我相信，他为观念论这门综合性哲学所做的贡献是当今任何作家都无法比拟的，但在其作品中，很多地方都让人怀疑其观点是否达成了稳定的平衡。但有一点不容置疑：如果有人告诉他，他留下的是一系列需要解决的问题，而非一套可以信仰的理论，那么，他肯定会回答，他最渴望的恰恰是前者，而且绝非后者。

附录二　我所认识的鲍桑葵*

编辑不要我写鲍桑葵哲学的批判介绍，而是写点私人评价。我发现避免批评很容易，但要介绍鲍桑葵的个性就很难不触及他的哲学和他在其中发展并捍卫的精神。在他临逝世前撰写但去世后才出版的《心灵本性三论》的第一篇中，他非常赞同地援引了“人就是其活动所充满的那个范围”这句名言。他补充说：“正是在他的作品中，我们才能探究这个人的全貌，而不是在这个人身上寻找比其作品更完整的全貌。”他并不只是在谈论哲学家，在其他人身上这句话也同样正确，在鲍桑葵本人身上更是如此。从没有人能在自己寻求详细阐述的哲学中，生活、发展并完全拥有自己的存在。鲍桑葵的活动范围覆盖了经验的每一个领域，而且因其坚定不移和顽强努力而使他全面地表达了他自己，很难在他那一代中找到其他人与之媲美。正是因为能提示我们，他的灵感从何处而来，是什么影响使得他特别关注某些思想领域，所以我们才要关注他生活的外部环境和性格的个人特征，这能增加我们对他的了解，就如我们发现他反映在自己书里的一样。

他出生于一个历史悠久、在很多方面都与众不同的胡格诺

---

* 本文译自 J. H. Muirhead, “Bernard Bosanquet as I Knew Him”, *Journal of Philosophy*, Vol. 20, No. 25, 1923, pp. 673-679，于宜芃译。——译者注

派家族。他是诺森伯兰郡巨石镇 R. W. 鲍桑葵牧师的小儿子，他哥哥是海军上将戴·鲍桑葵，利物浦大学的 R. C. 鲍桑葵教授是他侄子。鲍桑葵出生于 1848 年，先后就读于哈罗公学和牛津大学贝利奥尔学院。在他进入大学时，学院甚至大学中最有影响力的是本杰明·乔伊特。我很怀疑乔伊特那独一无二的个性对鲍桑葵的影响是否像对其他人一样多，但乔伊特的其他学生却从未如此沉醉于柏拉图的精神，而柏拉图正是这位贝利奥尔学院院长在牛津时进行大量研究的思想家。如果鲍桑葵被问及，他最受益于哪位哲学作家，他会说柏拉图和黑格尔。正是从这些人身上，鲍桑葵学到了人类经验世界的统一性这一秘密，可以说他一生都投身于维护这种统一性，并反对所有形式的二元论。从他们那里，他学会了反对那些割裂这一世界和另一世界的理论，无论其可能采取何种形式：逻辑学中的后天与先天，伦理学中的美德与理智，政治学中的社会主义与个体主义，或宗教中的知识与信仰。在上文所引的段落中，鲍桑葵说他们都是“大建筑师”，他坚信“出师的熟练工”要做的是具体地执行他们的“计划”。他认为，这些思想家的核心论点，即世界在差异中的统一，就像在部分中的整体一样，在当今应该是“简单直白的解释”，那些半真半假的叙述迟早会被这一真理推翻。[1] 这是同时理解他的哲学与他生平主要事迹的关键。

比贝利奥尔学院对鲍桑葵有更深远影响的是高级导师 T. H. 格林。尽管鲍桑葵自己的思想超出了格林哲学的文本意涵，但

① “See how I will put you down with a plain-tale,” Preface, *Principles of Individuality and Value.*

他总是热切地承认他受益于这位前辈。他总是满怀忠诚地提起格林，并拒绝承认自己与格林的教诲在根本上有任何不一致之处。这一影响的主要来源是，格林极妙地将理论与实践统一起来。正是这一点，以及鲍桑葵与查尔斯·洛赫的友谊，使得他在担任了10年大学学院的研究员和导师后，离开牛津前往伦敦，并在闲暇时投身于各种社会工作。他身上最引人注目的就是，他尊重穷苦人在他们房屋与工作环境中生活的现实经验，而且他并不信任忽视性格对环境作用的社会改革计划。对他来说，性格是环境的产物，或环境是性格的产物，都令人不快。但前者是更为致命的错误，因为它忽视了人类意志——以其统治性观念的高级形式——能对环境施加控制。

1885年，当鲍桑葵住在伊伯里街(Ebury Street)的学士宿舍时，我第一次与他取得联系。我还在牛津贝利奥尔学院读本科时，只知道他在大学学院担任古代史讲师。那是个社会觉醒的极好时代，新观念不断从年轻人脑中迸发出来。汤因比馆(Toynbee Hall)和“安置房运动”(Settlement Movement)都还是新鲜事，“社会主义”也比较流行。更为积极地展示了这一点的是海德曼(Hyndman)和他同伴领导下的社会民主同盟(Social Democratic Federation)；而在智识领域则是新建立的费边社(Fabian Society)和其“渗入”(permeation)计划。人们可能会期望，像鲍桑葵这种明显的“普遍意志”信徒，会与新集体主义有所接触。但相反，鲍桑葵感觉到，当前所有种类的社会主义实质上都继承了更古老的个体主义的最低劣特征：在鲍桑葵看来，姑且不论个体的道德反应，对集体机制效率的夸张信仰是基于对良心实在性的深刻怀疑论——对他来说，良心是社会意志的别名。的确，他身上出现的是“经济社会主义”和“道德个体主义”的不适宜联盟，而这削弱了近来费边主义的大部分教导。他认为，工业的集体组织是一回事；集体主义尝试保护个体免受环境的天然影响，而不考虑环境会对性格产生何种影响，则是完全不同的另一回事。在第一点上，他准备做比以往更进一步的推动；而对后者他则抱持深深的天生不信任感。

另一方面，在费利克斯·阿德勒(Felix Adler)博士①的影响下，伦理学运动开始在英国发展成型。其中吸引鲍桑葵的正是对品格和义务视角的强调，也使得他这位创建于伦敦的第一届伦理学会委员会主席，投入大量时间来促使这一目标实现。在晚年的书中，他批评了这一运动和其他实证主义运动领导人，他们试图摒弃绝对善这一观念，并在“应该这样”的道德命令中尝试寻找全部价值的最终来源。尽管像其他人一样反对在无限中丧失有限的神秘主义，但他越来越怀疑任何道德主义，它们否认了存在无限，而这种无限在有限自我中最为真实地出现。在这方面，他认为布拉德利《伦理学研究》教诲的主要价值在于，它论证了道德意识并不完善后，也就一劳永逸地证明了诉诸宗教经验是正确的。在鲍桑葵的晚期著作中，他持续地强调人们不可能解释高层级的人类经验，除非假设这些经验包含了实在

① 阿德勒(Felix Adler，1851—1933)，著名的政治与社会伦理学家，参与发起了“伦理学文化运动”(Ethical Culture Movement)。受新康德主义的影响，他认为不能证实也不能证伪神或不朽，人们可以独立于神学来确立道德标准。他还将类似于康德学说的最高道德法则与更为细节的自我实现学说结合起来，强调人要在社会联系中实现自由发展。——译者注

的显现，而实在如此丰富以至于不可能为人类价值所穷尽，因为这些价值在历史发展中才能得到实现。但我并不认为他（或我们这些在那段时日跟随他的人）会后悔与这一伦理学平台的联系。这让那些多少游离其外的学生与老师相信鲍桑葵，相信他会讲一些大众感兴趣的内容，而且（更相信）他能出色地讲述这些内容。作为演讲者，听众有时很难跟上鲍桑葵，但他的发言基于简短的笔记，并且直白独特，甚至那些未能完全理解他所说事物意义的人也会全神贯注地听讲。[①] 他这段担任伦理学和大学拓展课程讲演者经历的附带结果，就是出版了单独的讲义，并在次要领域发展出更系统的课程。另一结果是，他收获了与未来妻子海伦·邓迪（Helen Dendy）女士的友谊，她也是西格瓦特（Sigwart）《逻辑学》（*Logic*）的译者。[②]

在同一时段撰写的《美学史》，可以说明鲍桑葵感兴趣的是普遍性。当今的人们很难认识到，罗斯金（Ruskin）和威廉·莫里斯（William Morris）的教导在早年人们脑中引起的革命性效果。像我们这些没什么天资的人一样，鲍桑葵对自然与艺术之美的敏锐感觉，也无疑受到他们教导的激发。他身上的独特之处在于，他洞察到，从审美经验中能看见对世界统一性的全新事例，这种统一性是他核心的思辨观念。莫里斯最吸引他的一点就是，诉诸这一联系中他所谓的“质朴的心灵中对美的单纯热爱”。但

---

① 一位听众曾对我说，他连鲍桑葵所讲内容的一半都无法理解，但却能听鲍桑葵讲好几个小时。

② 那几年，一位满脑子伦理的朋友问我是不是“已经与我的研究结婚了”。虽然，就我自己而言，无法给他一个完全满意的回答，但我们主席的例子倒是能让他安心。（本条注释虽在原文中脚注出现，但在正文并无对应注释标号。根据注释内容，将注释插入此处。——译者注）

他对一般意义上的审美经验感兴趣，是因为这种经验能帮助洞察“另一个世界”的真正概念。他认为，这将我们带入“一个只是旧世界处于最好状态的新世界”。他过去常认为，正是在美感中，孩子心中才第一次升起无利害的感情；正是在美中，人们才开始熟悉将他提升到实际事物之上的世界，尽管仍在感觉世界中。因为他想要以柏拉图精神去解释这一点，要认识到这一点，就要彻底地摆脱传统二元论的全部思考资源。

这位《逻辑学》的作者与威廉·莫里斯的门徒仍有很多差异。然而和柏拉图一样，在鲍桑葵看来，艺术的最终意义在于，“当理性应该进入时”它是打开通向理性世界的大门。科学与哲学中的真理世界，本质上等同于艺术中的美世界。要展示出这一原则，就是让潜藏在两者中的心灵运动显现出来。正是一份确定的直觉使这一点成为他最初爱恋上的观点。他告诉我们：“最初，我就在连续的形态中感到愉快，而这一本质预先将自身具现于这些形态中。”随着力量不断发展，他认识到了这一重大变革，用新方式解决逻辑问题必定会成功。保持标志性的谦虚态度，他将这一发展归给黑格尔、洛采和布拉德利——而非他自己。但我们都知道，削弱之前逻辑学的功绩要特别地归于他，这一逻辑学关注推理的线索(lines)，无论通过三段论的“中间项”还是归纳的“事例”，或用部分得到理解的体系之发展这一观点来替代。正是以这种方式，他乐于将逻辑的精神等同于生活的精神。他知道圣杰罗姆(St. Jerome)那句话——“三段论不会使上帝愉悦而拯救世人”，但他也同样了解罗斯金，在这一联系中他不止一次地引用这位作者的话，即在另一种意义上，三段论也可能反映于活生生且繁茂的枝条中，就像在佛罗伦萨的新圣母堂(Sta. Maria Novella)的西班牙小教堂(Spanish Chapel)一样。因为对他来说，这是“跳动着且至关重要的火光，一个完整系统正是经由这一点火光，而在一眼凝视中展现出其凝结的生命”。如果他曾在争论中丧失气度，那就是在批判感觉主义(sentimentalism)和实用主义本质上很肤浅时，它们想要割裂人类的“见识”与逻辑融贯。正是坚信逻辑感最终意味着共同感觉(common sense)，而共同感觉意味着关于整体的感觉，因此鲍桑葵准备好去反对英法天才间的浅薄对立，去宣布“我们英国人相信的，终究是逻辑、全面、简洁和坚实的推理”。①

我曾谈到，他对道德意识限度的一般看法以及不可能在其中寻得支撑与满意。从未有人像他那样，在自己的宗教生活中保持谨慎。也从未有人比他更确信宗教经验的实在性，这点在某人处于最好的状态时便会显现出来。他母亲必然也曾拥有他自己后来发展的那种精神，当他还是个孩子时曾表达过想去天堂这一早熟的期望，而他母亲说等他到那里了他就不喜欢了。如果不是因为1911年爱丁堡大学邀请他去做吉福德讲座，他是否会在晚期著作中发展出自我显现(self-revealing)的宗教哲学，这一点很难确定。幸运的是，这一任务落在了他的肩上。在此我并不会阐述他教诲中的各种细节。此处令人感兴趣的是，这能帮助我们了解他的个性。在回复祝贺吉福德讲座出版的信件中，他写道：“这本书至少表达了一种非常强烈的感觉和确信，

① 在此条和前几条引文中，我稍微引用了下自己有幸读过但鲍桑葵未发表的《生活与哲学》。

而且由于年岁渐长也不太可能写出很多东西了，所以我尽可能来出版这些。我想这会有些帮助。”我认为，打动我们的与其说是那些细致的讨论，那些精妙且深有启发的讨论，不如说是他写作时怀抱的强烈确信，以及他尝试阐述他认为是宗教经验中精髓部分的勇气。他认为，有很多东西被宣称为宗教经验的一部分，而哲学无法确立起这些，但他也认为存在“简单直白的解释”(plain tale)能塑造“真诚且坚决之人”的理性信仰。如果许多东西被排除于人们自然欲望之外——即便不是不可能的，也是不可证明的，那么，我们感觉到，此处就存在某种并非空洞或乏味的东西，其实这一直是像他这种生活的维持性原则。

他曾谈及晚年的研究方法，但那时他仍有十年岁月。除了他运用思想的方法，没有什么更能描绘出他思想的活力与开放。在另一封稍晚一点回复某一请求——我忘记了是哪种请求——的信件中，我发现他写道：“尽管我和从前一样，比如说,坚信布拉德利哲学的基本原理，但我越来越渴望回避争议，还希望尽可能将自己放在年轻人看来是学生的位置上。我想我的时间已经不多了，我希望能够把剩下的时间用来学习，然后从新的角度研究一些事物，如逻辑学。”他也一贯地提到写作一本道德哲学书籍的可能“义务”，对此他说：“我很想将晚年时间用于理清自己的头绪，写文章讨论一些更特别且更困难的问题，而非重复琢磨许多人都触及过的领域。”无论出于何种目的，我们都能从那之后发表的书籍、文章中知道，鲍桑葵将时间用在了哪里，而且单独这些作品本身就足以另外建立起相当好的哲学名声。他对这些作品的评价有多么谦逊，可以从如下事实看出：

在生命中最后几个月，他严肃地着手推进他的计划，写作一本大体上是建构而非批判的书来讨论“思想、意识与普遍”。

如果我们尝试总结他及其作品给我们的印象，他就是研究哲学的伟大模范，身上还充满着我们这个时代最敏锐、最有教养的精神与品格。“伟大”是个含混的词，或至多是个相对的词。如果鲍桑葵不像过去的大师（也许，包括他的同时代人 F. H. 布拉德利）作为哲学新时代开创者那般伟大，那么他在如下方面却不输于任何人，即从他接受的他人哲学中，他如何清晰地察觉到他那一时代所涉及的内容，以及，在所有人类经验的首要领域，他如何有勇气且熟练地推进这一点。除此之外，那些有幸见过他的人，都会珍惜他品格和个性带来的有关古典美的记忆，也正是这两点使他成为大绅士、大作家。

附录三　纪念伯纳德·鲍桑葵*

任何一位思想家，无论是古代的还是现代的，对我发展哲学思考的影响都远远比不上鲍桑葵。我知道我受益于他的，不是一种以学徒般狂热宣传的特定学说，而是一种精神态度。用康德的话来说，我从他身上学到的不是哲学，而是哲思（nicht Philosophie，sondern philosophieren）。在他积极的教导中，我发现不少难点，而且还有些我不怎么信服。但他将哲学描述为在融贯理论中努力表达生活与经验的"精髓"（quintessence），这一点一直吸引着我，不仅因为其本身非常正确，还因为这与自柏拉图以来大师们的实践相吻合。而且鲍桑葵本人在自己的著作、教室和讲座中都努力实现这一理想，对我来说，这些尝试因其开放性和生动性而一直是典范，不仅触及了现实人类生活与成就的全部方面，也触及了当代和历史上所有的哲学思想运动，无论它们与他本人的结论有多大分歧，只要提供给他，他都能在其中识别出真正思辨的精神，即寻求第一手地表达显现在人类经验中的实在（the Real）的本质。最后出版的《当代哲学各极端的交汇》，最完善地展示

---

* 本文译自 R. F. Alfred Hoernlé，"In Memoriam：Bernard Bosanquet"，*Journal of Philosophy*，Vol. 20，No. 19，1923，pp. 505-516，于宜芃译。作者赫恩勒（1880—1943），德裔南非哲学家，1905 年 10 月至 1907 年秋天，担任鲍桑葵在圣安德鲁斯大学的助手。著有《当代形而上学研究》（*Studies in Contemporary Metaphysics*）、《作为哲学的观念论》（*Idealism as a Philosophy*）。——译者注

了这些特性。据我所知，在将一生用于发展并辩护自己某些观点的一流思想家中，在如此众多且多样的同伴思想家中，没有人像他那样，阐述自己思想时能展示出如此强度的智识弹性，也没有人像他那样，在讨论分歧时怀抱正义和同情的态度，也甚少有那种容易引发争执的执拗(Rechthaberei)。

因此，鸣谢鲍桑葵言传身教对我的持久影响，就是我满怀感恩地在他墓前献上的祭品。不过，对于接受编辑的邀请，去写一写作为一个人和一个思想家的鲍桑葵，我仍有些不安。当我回想过往的时光，我发现我与鲍桑葵保持密切私人联系的时间仅有 15 个月，而且那也是 15 年之前了。此后，因为长时间不在英国，我只和他简短地见过三四次，期间还有些不太频繁的信件交流。如今，我又回到了南非，还必须写下这些文字，但却很难找鲍桑葵的其他朋友和仰慕者交流，来核验自己的印象或更正一些记忆片段。

既然如此，我最多能做的就是，讲一些旧事来展现他是什么样的人，并且援引一些他信件中的话，来阐明他在处理哲学难题时的工作方式。

正是在 1905 年春天，我第一次见到了鲍桑葵。那时，他在圣安德鲁斯大学担任道德哲学讲席教授，还让我担任他的助手。那段在前卡耐基基金会(pre-Carnegie-endowment)的日子，苏格兰大学仍跟随古老的体制，只在冬天的 6 个月见面，夏天的 6 个月给教授[1]放假。因此，我去奥克斯肖特拜访了我未来的领

① 实际上，会安排一个短暂的夏季学期，但只有少数学生回来，在此期间完全由助手给予指导。

导。在萨里(Surrey)山上的欧洲蕨和松树丛中，有一栋迷人的红色乡间砖房，他和鲍桑葵夫人就住在那里，在那个时候周围还密密麻麻开满了六月玫瑰。对思想家来说，这是理想的住所——安静、隐匿、贴近自然，但又很容易接近人类成就的更伟大世界，鲍桑葵及其夫人因对社会改革与哲学思辨的共同兴趣而与这一世界紧密相连。

在那段日子里，鲍桑葵非常引人注目。中等以上的身高，削瘦的身材，还能保持优雅的体态，在与其他人交流时总能很容易地展现彬彬有礼的身姿。那时，他的头发就已经灰白，胡子也是同样的颜色，经过仔细修剪只在下巴有一点。人们一眼就能看见他端正的面庞上那双大大的蓝眼睛，每一道皱纹也都透露着独到的智慧。总之，鲍桑葵整个人在任何场合都会脱颖而出吸引人们的注意。他的外表或举止都不会让人觉得他是位学者，或至少是位教授。相反，从在牛津大学大学学院担任研究员和导师一直到圣安德鲁斯大学担任道德哲学教授，这中间的16年里，鲍桑葵投入到伦敦的慈善组织协会中，其中的实际社会工作给他留下不少在这个世界的印记。陌生人可能会猜他是位外交家，或者是位法官。的确，没有人会比他还不像一位“大学老师”(don)了。在生命的最后几年，鲍桑葵的外貌改变非常明显，那些在战后才认识他的人可能很难想象，他这副身躯曾令人惊讶地有着充沛的身力、独特的教养和智识的力量。他一度挺拔的身形在年年重担下逐渐弯曲，身躯也在不断收缩，就好像是持续不断高强度的智识创造活动在慢慢将其消耗殆尽。此外，他刮去了胡须，只留下剪短了的小胡子，这让他的脸看起来更小了，尽管面庞上仍保持着因精神劳动而留下的皱纹，以及大大的蓝眼睛，但对常人来说他的面容已不再引人注目。

在圣安德鲁斯时，鲍桑葵的性格迷住了和他有过交集的所有人。他的学生在教室的行为最能证明这一点，要知道，按照苏格兰大学的神圣传统，学生们在教室里会非常吵闹粗鲁。在教授进门时，学生们还惯于用鞋子发出刺耳的摩擦声来表示欢迎；如果教授比较内向收敛，或不善于维持纪律，又或是个性不那么有魅力，那么不客气的问候可能会一直持续到课堂结束。学期结束前的最后几次课，班级荣誉和其他奖项的获得者名单公布之后，最难管和吵闹的学生便会按照惯例，绕着教室巡游，如果没人严厉地制止，他们很可能会再来一次，以纪念这一时刻。对于还不了解性格的新老师，学生们会专门去他们那里巡游。在鲍桑葵的教室里，从一开始，就没有任何难以管束的嘈杂声。第一个学期结束的时候，大量的闹事者涌入他的教室，把他当成新目标，结果却出乎意料，因为他们发现自己被折服了，没人想尝试这样的游行。伯纳德不费吹灰之力就给人们留下了令人心悦诚服想要尊重他的印象，就连那些最难管束的人也不例外。他的秘诀是什么呢？他其实根本没有做出任何努力。他完全不懂使人严格遵守纪律的技巧，也不是一个军事训练员。他从未发出过强硬的命令，不懂如何快速甄别出不守规矩的人，也不会实施严厉的惩罚。更重要的是，学生从不会感觉他的眼睛总是盯着他们，奇妙的是，他眼睛根本没有盯着他们。他经常仰着头进入教室，几乎都不瞥一眼学生们，他大步流星地走到讲台开始讲课，眼睛盯着听众脑袋上面的天花板。再一次地，这并不是说，因为朗诵方法的独特魅力或任何吸引注意的方法，而使得他的讲座特别富于雄辩或引人注意。鲍桑葵是在讲述给他们，而非照本宣科——他并不是一位演说家。讲座内容都经过精心思虑，但对那些有意愿跟随讲座的学生来说，仍需要一直保持关注和思考。讲座进行的方式质朴无华。他的讲座确实经常超出那些稍微愚笨学生的理解范围。唯一能说服我的解释就是，伯纳德的人格魅力和教养会立刻使学生感觉到，他们正在接触一位具备非同寻常品格的人。他有令人心悦诚服地想要尊重的伟大品格，像"奥林匹斯神明般"——这是我现在唯一能想到的、可以表达我所思所想的形容词。尽管一些水平较差的学生只能理解鲍桑葵所讲授内容的一半，他们也仍然能够意识到，他向他们传达的是伟大且庄严的内容——对人类生活和经验的阐释。这一阐释一直都在向任何流于表面的印象和习惯性偏见发起挑战；这一阐释加深了此处的洞见，又在彼处拓展了它，并一直是股强大的"推力"，要求对世界更新颖、更深刻的理解。

我想，没有人能完全接近鲍桑葵，甚至在小型的荣誉班(Honors class)也是这样，尽管少部分人开始对他有所熟悉。这也是我在上面用"奥林匹斯神明般"一词想要表达的内容。不过这一定不能理解为，鲍桑葵有意与他们保持疏远关系，或以自觉的骄傲让他们感觉自身的渺小。他的冷淡并不带刺，不如说这是如下事实的自然结果，即他习惯性地活在不同的思想层次，而且在那里运用的价值标准也不同于必须和年轻且不成熟的精神打交道时所用的标准。甚至他许多同事都认识到，他们自己与鲍桑葵之间或多或少有明显的思想距离。那段时间，圣安德鲁斯的学术团体因“政治”而产生严重分裂，而且琐细的私人竞争与怨恨加剧了大家的分歧。鲍桑葵及其夫人并未参与这一纷争而是超乎其上。甚至，一些好几年都没说过话的仇敌，被发现又相逢于鲍桑葵家的晚宴上，彼此问候，因为主人故意不理睬他们对彼此的情绪。

在那段时日里，圣安德鲁斯大学也许集结了全英国最强的哲学教授组合，包括鲍桑葵、G. F. 斯托特(G. F. Stout)和约翰·博内特(John Burnet)。也无需说，当时还有大量正式或非正式的讨论。一般来说，这些非正式讨论会与圣安德鲁斯一些著名课程中的打高尔夫球活动结合起来。其实，每周的哲学“四人组”按规矩有斯托特、鲍桑葵和我，剩下有时是鲍桑葵夫人或斯托特夫人，这个小组在当地名声不太好，我们球技不算出色，而且相比于打球更注重谈话。我尤其记得，早春的一天，万里无云的天空下是洒满阳光的球场，当时卷起来的深蓝海浪就像一堵墙隔开了座座沙丘，习习微风夹杂着刚盛开的黄金雀花的香气扑鼻而来。那一天鲍桑葵深深感受到自然之美，并且不可避免地将谈话引向他最喜欢的每人都可触及的话题，即人类灵魂的全面发展在多大程度上必须亲自熟悉各种状态的自然，并对其做出反应。农夫、猎人和水手,所有人都日常地生活在与自然的联系甚至冲突中，因而获得了“教育”，即灵魂得到了塑造，而常居于城市的人，甚至主要与书籍和实验室打交道的学者则缺乏这一点，在精神上非常贫瘠。我曾给鲍桑葵讲述在多洛米蒂山(Dolomites)上历时一个月的攀岩经历，鲍桑葵回信说：“有时，我认为，这些经历而非书本才是，或者说应该是，哲学的真正来源。”

更为正式的讨论发生在小的哲学“雇员俱乐部”(shop-club)中，每两周召开一次，在周五晚上由一人介绍主题或难题进而展开辩论。不幸的是，我现在都记不清这些会议了，只记得，有关“绝对”的难题——比如，它与时间、有限个体性以及恶的关系——总是经常成为讨论的素材。斯托特和鲍桑葵都极其出色地衬托了对方，他们的形而上学观点存在根本上的不同，对此可参见亚里士多德协会那场著名的聚谈：“有限个体拥有的是存在的实质样式还是形容样式?”(Do Finite Individuals Possess a Substantive or an Adjective Mode of Being?)①在辩论中，鲍桑葵一直保持良好的礼貌与耐心，但我的印象却是，和我们大多数人一样，相比于认真考虑过的讲堂或书籍，他发现在快速交换意见的讨论中，更难表达自己的观点。相对于口说，他用笔时能论证得更好。

现在，转向他哲学上的终身成就，要注意的第一点也是很明显的一点，就是他深深地相信自己的哲学表达了真理——原则上而非细节上必然地展示了真理。他身上并没有伯特兰·罗素(Bertrand Russell)先生那种根本上的怀疑论气质。在撰写《当代形而上学研究》(*Studies in Contemporary Metaphysics*)时，我曾抱怨他在确定性上有所波动，有时甚至深深地怀疑，理智(或思想)究竟能否在形而上学领域获得任何确定可靠的结论。他安慰

① *Proceedings*, Vol. XVIII(1917-1918); also *Life and Finite Individuality*, edited for the Society by H. Wildon Carr.

性的回答是，这些波动必要且自然。“人这一整体存在，就像潮汐一样，”他写道，“某种程度上，我缓解了这些波动，因为我的信念恰好处于我自己研究的核心；我感觉抓住了某种传统和它的种种具现，而且或多或少感觉我被授权成他们的阐述者。也许，这表明我缺少了些原创性。”这段总结性文字展现了鲍桑葵一直以来的谦虚。对我而言，这一小段自我分析，非常有利于帮助我们理解他已发表作品中的那些独特学说。他在《个体性原则与价值》一书第 41 页告诉我们，一种全面的哲学理论这一理想，“并不会给怀疑留下空间”。他继续说道，我们不应该限制这种场合，即不允许怀疑即刻的确定性（否认这种确定性在形式上涉及他们的肯定，比如“不存在真理”），反而我们必须将具体的“经验世界”——比如道德世界或艺术世界——的存在处理为更坚实建立起来的确定性。这一主张至少在《个体性原则与价值》中重复了两次（第 48 页以下，和第 265 页以下）。我引用一段：“我们不能将我们对实在的全部信念都投注于万有引力定律、能量守恒法则、上帝的存在这类原则的字面且准确的表述上，就更别说那些特别学科的特别结论。但我们能且要将这一信念投注于全部‘高级经验’——如宗教、道德或美与科学的世界——的普遍‘真理与存在’”（第 50 页）。对鲍桑葵的整体哲学方法而言，这些广泛的肯定或接受（Lebensbejahungen，借用尼采的术语）具有根本性意义。对他而言，这些通过了“此或无”（this or nothing）[①]测试的东西最合乎理性：如果我们尝试否认这些具体世界的实在性，也就是说，“不存在道德或宗教这样的事物”，那

① *Implication and Linear Inference*，passim.

么，我们就不能无矛盾地肯定我们经验世界的其他部分。此外，因此而获得肯定的世界，它们全部都是人类精神的成就或创造物；而理性，在反思性承认这些成就时，就获得了自我意识。很明显，这种进行哲思的方式的整体气质和方向，都在根本上不同于那些心中更充满怀疑精神的思想家(比如罗素)所实践的方法，对他们来说“理性”就只意味着“推理”(reasoning)；他们并没有依据“具体的经验世界”来思考，而是依据“信仰”；他们尝试把信仰分为“软信仰”和“硬信仰”，并且以如下方式来清除怀疑，即尽可能多地发现原子及其不证自明的前提并演绎它们的逻辑内涵。另一方面，对鲍桑葵来说，推理的功能在于，借由反思使我们掌握现实世界的内在合理性——要解释这一说法，就必须要理解，我们对世界合理性的洞察程度，依赖于我们理性分析经验的能力，以及我们推理的概括性或系统能力。

在运用这种方式时，鲍桑葵的哲学无疑落入某一类哲学之中，而如果类型化就是缺乏原创性，那么我们就必须接受这一指控了。但关于这一问题要认识到以下两点。一点较为普遍：在哲学中，另一位思想家进行独立反思得出的进一步证明，其作用类似于自然科学中的实验证明。① 另一点则较为特定：鲍桑

① 我非常想用一个有利于鲍桑葵的例子来详细描述这一点，这个例子在我写作这篇文章时突然在脑海中蹦了出来。我的朋友，《笑与喜剧的心理学》(*The Psychology of Laughter and Comedy*)的作者J. Y. T. 格雷格(J. Y. T. Greig)先生曾给我写信说：“你还记得吗？我讲艺术心理学的时候，有人对我说，我在推进的很大一部分内容，都或多或少接近于鲍桑葵那种观念论。非常令人好奇的是，这是无意中产生的。我刚刚才第一次阅读鲍桑葵的《美学三讲》，非常吃惊地发现很多我自己尚未考虑清楚的观点，已经在这些讲座中得到了很好的处理。我完全不知道我是在复述他的观点，而且据我所知，我是完全尽自己所能来处理这些问题，或是借助于那些不认识鲍桑葵的朋友(除去鲍桑葵和那些朋友都援引的古老的共同文化来源)。因此，我震惊的地方在于，我发现自己是多么经常地无意识使用他那些特定的词汇和术语。”

葵是亲力亲为地进行自己的哲学推理，如果他认为柏拉图与黑格尔是自己的老师，那也并不是因为他奴隶般地依赖他们的权威，而是因为他在他们的哲学中发现了自身经验所要求的、自己反思所引向的那种解释世界的方式。在他的回信中，我发现了他对黑格尔引人注目的评价："我想，我感兴趣的是黑格尔如何启发了年轻一代。在我看来，他没有也从未自一开始就那般令人陌生且本质上难以理解。这不是说，我和其他人一样能'解释'他，而是说，当我想要理解时，他就在对我说话，是我唯一能理解的作家。他所说的内容，似乎直接源自他自己的内心和经历；除他以外的所有其他人都很有距离且做作。"

虽然我是在讨论鲍桑葵思想的亲身品质这一话题，但仍值得强调，他为自己争得了使用"具体经验的世界"这类术语的权利，毕竟他有很多年因社会工作的实际经历而远离学术生活。下面摘自信中的一段详细解释了这一点。

> 我认为，在公共讨论中，让我非常痛苦的是我认为的自身立场真正有力量的东西，也即我有两种非常不同的公共身份和特定职业：哲学家和社会专家。对每一部分，我都很满意，无论是出现在亚里士多德协会的会议上，还是担任主席领导50到200名老练的社会工作者。但我不能将两者结合起来。一般而言(我并不是说获得非同寻常教导的人)他们对彼此和彼此的经历一无所知。如今，我对具体的普遍这一点的信念非常依赖于如下图景，也通过这一图景来表达自己，即经由社会功能的精细运转而实现的社会组织茁壮成长。而且在坚信这一点时，我相信自己，像使用

显微镜的人一样，处于社会组织和改革的现实发展点中，并且观察这些活生生的原则按同一步调(pari passu)发展新的意志与结构。

恐怕，在鲍桑葵看来，充斥于当代书籍和论文中的那些高度精巧的哲学论证，是出自那些“并未充分得到教导的”人之手，也即他们进行哲学推理所使用的材料，并非源于实际社会工作、对自然的爱和习惯性地亲近伟大的艺术与文学作品这许多深刻的来源。归结为一点就是：某人进行哲学推理的能力，依赖于他亲身从世界获得经验的广度和深度，这些经验也是他不得不进行理性分析的经验。鲍桑葵总是感觉到，许多研究社会及政治理论的学者，像“纸上改革家”一样，自己“对活生生的结构并没有实验性感觉”(experimental feel)。“实验性感觉”是个非常引人注意的术语，也挑战了当前指控鲍桑葵哲学抽象、做作且异于日常生活的批评。就精神和目的而言，对鲍桑葵来说，哲学从不是别的，而只是在融贯理论中持续地努力去表达“现实生活与经验的精髓”。

也许，我可以讲讲两年前我去鲍桑葵家族在诺森伯兰郡靠近阿尼克的巨石荒原庄园的事，来试着描绘一下鲍桑葵的社会经验是如何反映在他的社会理论中的。伯纳德·鲍桑葵和他的哥哥们，正是从那栋古老的城堡般的宅邸出发，走向了广阔的世界，每个人都用自己的方式做了留名后世的事情，帮助实现了一些公共事业。

在我去拜访的那段时间，老宅子租给了来自纽卡斯尔的富裕船主，而那片地产由一位大农户来管理，R. C. 鲍桑葵则辞去了利物浦大学的古典考古学讲席，来照管这片土地和佃农。这一行为本身源于强烈的家族传统，也来源于一种社会义务理想，其基于数代人建立起的联系与忠诚之上。当我和 R. C. 鲍桑葵一同拜访山腰上的牧羊人和住在长满常春藤的小屋与谷仓中的老佃农时，我瞥到这种忠诚的另一面。每到一处，我都发现自己因“伯纳德先生的朋友”这一身份而受到热烈欢迎；我也随处都能发现热爱“家族”并为其奉献的精神。嘲笑这种关系是“封建主义”再容易不过，但这会让我们错失其中的真相。无论一方有何种权力与特权，另一方多么依赖对方，这都会涉及法律，而且从私人交往来说，这种关系是一种共同事业中的忠诚合作。佃农心中没有不安全的感觉，就像在“实弹射击”中的受伤者一样，也没有任何低人一等或任凭别人摆布的感觉，比如逐渐破坏某人的自尊。相反，在涉及庄园的福祉时，所有相关的人都知道他们自己的地位，以及他们是在为他们的共同善而工作，且满怀善意地对待彼此。无疑，这是最好的地主与佃农间的关系，我也没有说，它给我们的教导能直接移植到大型工业组织中的雇主与雇员关系上。但我认为，可以说鲍桑葵在他祖先留下的遗产，即小规模工作模式中，发现的庄园的精神和组织，为他分析更大规模的社会与国家提供了条件——我们必须记住，这一分析总是指向“严格意义的”国家，即指向一个原则，完满或完美的事物，其本质只能在最好的事例中发现。我最后见到他的时候——大约在他逝世前两个月，我告诉他我去了“巨石镇”，他说我猜得对，他在那里的经历对他的社会理论有影响。坦白地说，对我而言，那一次拜访解释了鲍桑葵理论中的许多内容，之前我总是没法信服地将其与现实联系起来。鲍桑葵从布拉德利那里采用的著名短语——“我的地位及其义务”，在此有着活生生的意味。这也向我解释了他为私有财产所做的辩护，私有财产附带“特权”以及“义务”，而且不仅有助于所有权人的自我实现，即运用他的意志，还有助于公共信任。我也瞥见了那种活生生的经验，鲍桑葵在形而上学中用“自我超越”这一概念来进行解释——脱离他的“绝对”学说，就无法理解这个概念(也是事实)。[①]

此处并不适于展开对鲍桑葵形而上学、逻辑学、伦理学、美学教导——如实且融贯——的技术分析。[②] 如果我能在任何程度上成功将他本人和作品联系起来，进而表明他的哲学如何彻彻底底是他自己亲身经历的“摹本”，那么我就很满意了。但我想用他对最近战争的态度来做一下总结，帮助大家理解这个人和他的哲学。我的材料来自战争期间鲍桑葵写给我的信。1915年初，就有这样的证据，他写信说，自己真诚地相信，英国在进入战争时，就接受了她无论在道德上还是政治上都无法拒绝的挑战。他相信，英国参与这场战争是出于正义的理由，中立自主的比利时被侵犯唤起了这场奋斗早期几个月的道德热情。他从不担心英国会战败。如果这就是他的全部看法，那么他迄今的立场就与无数持自由主义观点的真诚的爱国者没有什么根本性不同。但鲍桑葵的态度以两种非常独特的方式不同于一般的爱国者。第一，无论在当时还是后来，鲍桑葵从未允许自己

① E. g., “Lecture VII” in *The Principle of Individuality and Value*.

② 我对这一艰巨任务的贡献，可见《哲学评论》(*Philosophical Review*)下一期。

陷入集体形式的疯狂之中，在近几年更为冷静地回顾时，我们认为这种疯狂就是“战争思维”。第二，自始至终，他都努力用自己的哲学来引导自己的判断和态度，与此同时他还以如下标准测试这种哲学是否恰当，即它是否有能力为他提供健全且稳定的态度来面对这场人类浩劫。他一直都少见地未憎恨或对德国人抱有敌意。他也从没因战争的激愤而贬低德国人或他们对欧洲文明的贡献。他拒绝那种毒害了他身边很多人的愤懑感。他也拒绝将视野限定在单纯的胜利还是战败上：他一直稳定地关注着所有交战国都有的那些远大理想，他预见到，放弃这些理想就意味着失去了和平。1915 年 1 月，他就已经写信给我说：“我现在最关注的是，准备好理性的精神框架，并为合理的和平做些准备。如果德国人民厌恶了他们的军事体制，并建立起真正的民主制，我认为我们应该和他们友善交往；但当然民主制度不能由陌生人恩赐给他们。”国际哲学大会本来应于 1916 年在伦敦召开，由鲍桑葵任本次大会主席。在宣布停办的公告（propos）中，他写道：“我曾起草了一些口吻更为温和的东西，希望和平来临之后能够对所有哲学家保持友好，但我们能共同签署的内容只有这些（目前的公告）。考虑到霍尔丹和巴尔福（Balfour）这些人也签署了，我想这也不错。我希望它本可能有所助益，但这些文件并没有引起什么注意。”倘若人人如此该多好（O si sic omnes）！

关于他对战争“本身”——只要战争还在人类中存在就会引起的无休止难题——的哲学态度，我发现他曾写道，他感觉黑格尔《法哲学原理》的最后章节和格林的《政治义务原则讲演》

“非常适合于一种哲学观点”。我曾在一封信中极力说服他相信，很难调和因人类意志而大规模出现的恶与他的绝对理论。也许我也曾问过，他是否认为由战争带来的善会胜过因此产生的恶。总之，他回复说：“对我来说，这两端在康德和黑格尔之间得到了很好的反映。我感觉没什么困难，在战争附随带来的善和停止战争的义务之间……一方面，我并不认为(考虑到战争带来的大规模利益)，战争根本上就是极好的，尽管我认为战争可能产生不少利益。另一方面，我也认为，物质利益的偶然性——承认这一点涉及性格与高级信仰——如此深深地扎根于历史给予我们的全部教诲，以至于就这一点而言,任何对它的独特证明都无权残留下来。[①] 但战争和所有恶一样被归入同一规则之下。我们一生都在努力反对恶；但如果恶消失了，有限生命也就结束了。”他在另一处继续说：“我并不是主张，恶的良好副产品会让恶可欲。但它们就在那里，任何想要对全部事实进行理性判断的努力都不会忽视这些。”然而，关于这一点，鲍桑葵在其他地方更全面也更可靠地讨论过他的看法。[②]

就如开篇一样，我用一条私人记录来结束。这是我自己的体验，在我将鲍桑葵的研究介绍给学生们时也反复出现，那就是他作品的价值并没有因时光流逝而减少，反而越来越重要。他的写作风格尽管充满美感地简明直接，但也总是令人生畏，就像一道关卡，不仅阻挡着初学者，甚至也阻挡着有能力的学生，除非他们怀抱赞同态度且坚持不懈地阅读。此外，他的思

① 我想，这表明，鲍桑葵和其他人一样，在原则上并不谴责任何废止战争的努力。

② E. g., the introduction to the second edition of his *Philosophical Theory of the State*.

想经常前进到这样一种层次，以至于对当前的判断习惯和今日的流行趋势都感到非常陌生。然而，就我自己而言，我必须要为这一点作证，尽管不能宣称理解或有能力解释鲍桑葵哲学的全部。我发现，相比于这个时代其他思想家的理论，鲍桑葵的哲学体现了更多的本质性智慧与真理。无论何时，间隔一段时间再重读他的著作，我都能比以往有更多收获。当然，其他伟大思想家的著作也同样如此，比如柏拉图、斯宾诺莎或康德。但正是经过这一测试，我会将鲍桑葵列入伟大哲学家那个小团体。总之，在我们这个时代的那些哲学家中，他们和鲍桑葵一样认为哲学的任务是表达“思维开阔之人的合理信念”，我从不知道有任何一个人像他那样，在他一生和思考的精神中，如此真切地实现了这一理想。

附录四　伯纳德·鲍桑葵*

一、生平

1848 年 7 月 14 日，伯纳德· 鲍桑葵出生于英格兰诺森伯兰郡巨石镇(靠近阿尼克)。他是罗伯特·威廉·鲍桑葵牧师和第二任妻子卡罗琳(麦克道尔家族)所生育的五个儿子中的幺子。伯纳德的长兄查尔斯，参与创建了慈善组织协会，并担任第一任秘书。他的另一个哥哥戴，在海军服役，曾担任南澳大利亚总督。而另一位兄弟霍尔福德，当选为皇家学会院士，并在牛津大学圣约翰学院担任研究员。

1863—1867 年，鲍桑葵就读于哈罗公学，随后(1867—1870 年)前往牛津贝利奥尔学院读书，在那里他受到了德国观念论哲学的影响，主要是通过他的老师 T. H. 格林以及本杰明·乔伊特(Benjamin Jowett)的著作(据说格林认为鲍桑葵是“他那一代中最有天赋的人”[Muirhead 1925，p. 21；McBriar 1987，p. 3])。在

* 本文译自斯威特教授为斯坦福哲学百科撰写的词条，访问地址 https：//plato.stanford.edu/entries/bosanquet/，访问时间为 2022 年 5 月，于宜芃译。斯威特，加拿大圣弗朗西斯科·泽维尔大学哲学教授，二十卷本《鲍桑葵全集》(*Collected Works of Bernard Bosanquet*)主编，著有《观念论与权利：鲍桑葵政治思想中人权的社会起源》(*Idealism and Rights: The Social Ontology of Human Rights in the Political Thought of Bernard Bosanquet*)。——译者注

1868年的古典学初次考试和1870年的人文学科最终考试中，鲍桑葵都获得第一等荣誉，并且在临毕业时，胜过F. H. 布拉德利(F. H. Bradley)，当选为牛津大学大学学院的研究员。在大学学院期间，鲍桑葵讲授逻辑学史以及道德哲学史；在这期间唯一发表的著作是翻译的G. F. 舍曼(G. F. Schoemann)的《雅典宪制史》(*Athenian Constitutional History*)

1880年鲍桑葵的父亲去世，在1881年继承一小笔遗产后，鲍桑葵离开牛津前往伦敦，在那里他积极参与到成人教育和社会工作之中，活跃于伦敦伦理学会(London Ethical Society，创建于1886年)、慈善组织协会以及短命的伦敦伦理学与社会哲学学校(London School of Ethics and Social Philosophy，1897—1900)。在这期间，他遇到了海伦·邓迪(Helen Dendy)并于1895年成婚，她也积极地参与社会工作与社会改革，并在1905年至1909年《济贫法》皇家调查委员会中发挥着领导作用。

在伦敦期间，鲍桑葵也一直在进行哲学研究，他的许多主要作品都源于这一时段。其中一些——如《关于国家的哲学理论》和《道德自我的心理学》——都发展自他给成人教育群体举办的讲座。他也是亚里士多德协会的早期成员，1888年担任副主席，1894年至1898年担任主席。

1903年，55岁的鲍桑葵短暂地返回大学生活，在苏格兰的圣安德鲁斯大学担任道德哲学教授。然而，他的身体状况并不是很好，不久他就希望将更多时间投入原创写作。1908年，他退休回到萨里郡奥克斯肖特，但他依然在社会工作和哲学圈子中保持活跃。1910年，鲍桑葵被任命为爱丁堡大学1911年和

1912年吉福德讲座的主讲人。这些讲座的文本——《个体性的原则与价值》(*Principle of Individuality and Value*)和《个体的价值与命运》(*Value and Destiny of the Individual*)——是他形而上学观念更为成熟的表述。不过，要理解鲍桑葵的形而上学仍要认识到，这反映了他早期在逻辑学、伦理学、社会工作和政治哲学等领域的研究。

吉福德讲座文本的出版引起大量对鲍桑葵观点的批判性回应，尤其是在形而上学(比如，关于观念论与唯物论之争，以及关于有限个体的本性)、逻辑学(比如，关于命题的地位和推理的本质)还有伦理学。除了积极地参与这种意见交流外，贯穿鲍桑葵著作的另一点是，他想要在不同传统的哲学家中找到共同的基础，展示不同学派思想间的联系，而非一直盯着它们的不同之处。

除了学术界内外对观念论的挑战，围绕鲍桑葵著作展开的讨论一直持续到20世纪上半叶。1923年2月8日，鲍桑葵于伦敦逝世，享年75岁。

逝世时，鲍桑葵被认为是“英国观念论者中最为大众熟知且最具有影响力的人”(Randall 1966, p. 488)。他撰写并编辑了20多本书以及150多篇文章。从他在书籍和论文中处理的主题范围，可以明显看出他哲学兴趣有多么广泛——逻辑学、美学、认识论、社会与公共政策、心理学、形而上学、伦理学及政治哲学。因其对哲学与社会工作的贡献，1907年他当选为不列颠科学院院士，并获得格拉斯哥大学(1892)、杜伦大学(1903)、伯明翰大学(1909)和圣安德鲁斯大学(1911)的荣誉学位。

在盎格鲁-美利坚世界，鲍桑葵也是最早一批认识到埃德蒙·胡塞尔(Edmund Husserl)、贝内代托·克罗齐(Benedetto Croce)、乔瓦尼·贞提利(Giovanni Gentile)和埃米尔·涂尔干(Emile Durkheim)等思想家重要性的，而且他与路德维格·维特根斯坦、G. E. 摩尔和伯特兰·罗素等人的关系也非常重要，尽管这在很大程度上仍未得到考察。虽然今天在哲学圈子里 F. H. 布拉德利更为知名，但在《泰晤士报》刊登的讣告中，鲍桑葵被认为是“英国哲学中一个世代的核心人物”。

二、整体背景

鲍桑葵的哲学观点在很多方面都是在回应，19 世纪盎格鲁-美利坚世界中经验主义和唯物论(比如杰里米·边沁、约翰·斯图尔特·密尔和亚历山大·拜恩[Alexander Bain])，以及同时代人格观念论(比如安德鲁·塞斯·普林格尔-帕蒂森[Andrew Seth Pringle-Pattison]、詹姆斯·沃德[James Ward]、W. R. 索利[W. R. Sorley]和 J. M. E. 麦克塔加特[J. M. E. McTaggart])和有机论(organicism，如赫伯特·斯宾塞)等学说。鲍桑葵认为，他许多看法的灵感都能在黑格尔、康德和卢梭，以及最终在古希腊哲学中找到。的确，尽管在鲍桑葵哲学生涯的起点，他就认为康德和黑格尔是“‘勾画了蓝图’的大师”(Muirhead 1935, p. 21; Bosanquet, *Knowledge and Reality*, p. vii)，但他也说，对他影响最大的是柏拉图。结果就产生了这样一种观念哲学思想：它结合了盎格鲁-撒克逊对经验研究的喜好，与从欧陆借来的语词及概念性工具。一般而言，鲍桑葵被认为是英国观念论者中最黑格尔式的(Hegelian)一位，不过“黑格尔式的”这一词在描绘鲍桑葵著作方面有多大程度的恰切或富于启发，已经成为近来争论的一个问题(Sweet 1995)。

更为直接地说，鲍桑葵的思想与他的老师格林以及同代人布拉德利有很多相似之处。鲍桑葵本人就承认，这些相似远非巧合。他经常承认自己受益于格林的著作，而且在1920年写道：“自从《伦理学研究》出版后……我就视(布拉德利)为我的老师；而且我认为，我们之间从没有言辞上的不同或值得强调的不同。”(1920年3月27日寄给莱洛·维尼特[Lello Vivante]的信，引自Muirhead 1935，p. 262)

不过，这一评论至少还有些夸张。鲍桑葵并非盲目地跟随格林或布拉德利(Sweet 1996)，在他的著作中有一些重要的不同之处。尽管鲍桑葵为格林的伦理学和格林的许多结论辩护，但他处理了大量格林的文集中并未触及的问题。此外，尽管鲍桑葵很明显认为布拉德利在形而上学及伦理学的研究有非常重大的影响，但这一钦佩也无疑受到如下事实的影响，即布拉德利的哲学与方法所反映出的迷人点与进路，鲍桑葵也曾凭一己之力达到过。

三、主要贡献

1. 逻辑学和认识论

鲍桑葵的早期哲学著作集中于逻辑学。他终生都对这一领域抱有兴趣，而且起初这也被认为是鲍桑葵对哲学做出最重要贡献的领域。

鲍桑葵对其逻辑学观点的第一次公开阐述是在 1883 年的论文《逻辑学作为知识的科学》("Logic as the Science of Knowledge")中。在此，能发现他明显受黑格尔与洛采(Lotze)的影响(T. H. 格林鼓励鲍桑葵翻译并编辑了洛采的《哲学体系》[*System of Philosophy*])。鲍桑葵逻辑学的进一步阐述出现在 1885 年《知识与实在：对 F. H. 布拉德利〈逻辑原理〉的批判》(*Knowledge and Reality: A Criticism of Mr. F. H. Bradley's 'Principles of Logic'*)以及 1888 年《逻辑学，或知识的形态学》(*Logic, or The Morphology of Knowledge*)中。(后一本书的主要内容又被改写到一本小书中，即 1895 年《逻辑要义》[*The Essentials of Logic*]。)1911 年，鲍桑葵出版了《逻辑学》第二版，新增了大量注释以及三个章节，来专门处理实用主义者和实在论者对观念论融贯理论的批判。晚年，鲍桑葵参与了大量逻辑学问题的讨论，最终在 1920 年结集出版为《内涵与线性推理》(*Implication and Linear Inference*)，C. D. 布罗德(C. D. Broad)认为这本书是鲍桑葵观点"最为清晰且最正确无误的阐述"(Broad 1920, p. 323)。

对鲍桑葵来说，逻辑处于哲学的核心，但这里是广义上的"逻辑"。他写道："我们所理解的逻辑学，和柏拉图、黑格尔一样，是经验的最高法则或本性，即朝向统一与融贯的冲动……经由这一冲动，每一部分都强烈向往着它所从属的整体……"(*Principle of Individuality and Value*, p. 340)

鲍桑葵补充说，"理性的这一内在本性"是"对整体性和一致性的绝对要求"(*Principle of Individuality and Value*, p. 9)。此外，鲍桑葵称为"整体性的精神"的逻辑是"通向实在、价值和自由的线索”(*Principle of Individuality and Value*, p. 23)。那么，毫不奇怪，鲍桑葵会主张形而上学(“关于实在的一般科学”)不可能与逻辑(“关于知识的科学”)相区分，像分开结果与产生结果的过程那样。

然而，除了逻辑与知识存在联系，鲍桑葵也并不承认自己是在认知论(a theory of cognition)的意义上研究认识论，即将真理与实在处理为彼此独立的事物。

整体来说，鲍桑葵的逻辑学有三个关键要素。第一，逻辑关乎“对象或观念拥有的性质，就它们是知识世界的成员而言”(*Essentials of Logic*, p. 44)，能够进行研究的每一个事物都必然在意识中被“断言”(assert)，因此最终也是逻辑关注的对象。第二，鲍桑葵写道，实在“由一个单一融贯结构中系统化结合所规定的各内容构成”(*Logic*, p. 5)。那么，要全面地描述某一事物，就必须在它的语境和与其他事物的联系中来理解。类似地，要说某一判断“正确”，也必须要考虑这一判断涉及的体系，并且注意到我们世界的那部分将会变得多么不可理解……如果我们否认这一判断(“Logic as the Science of Knowledge”, *Works*, Vol. 1, p. 302)，那么，鲍桑葵的观点就最好被描述为一种融贯理论——尽管它关注的并不仅仅是真命题集合的形式一致性。第三，鲍桑葵说：“命题的真正意义总是超出完全有意识的使用，就像真正的实在总是超出现实经验。”(*Logic*, 2nd ed., p. x)那么，我们对世界的理解就总是不全面的。然而，“经验强迫思想沿着几条线索从部分走向更全面的观念”(“Logic as the Science of Knowledge”, *Works*, Vol. 1, p. 311)。因此，融贯是通过辩证和进化的过程而得来的。但这并不意味着人类在某一天能到达终极真理。

鲍桑葵的逻辑学已经成为重要的讨论主题；这一关注点曾是，也仍是，推理(inference)的本质及归纳理论。比如在《内涵与线性推理》中，鲍桑葵为自己长久以来的看法进行辩护，即推理是“知识借以拓展自身的每一种过程”(*op. cit.*, p. 2)。而内涵则使这一点成为可能，比如，借助体系的特性，才能从一个部分走向其他部分。标准的形式逻辑(比如，线性推理或三段论)只是一种受限的推理形式，就如鲍桑葵提醒他的读者注意的那样，逻辑原则不是某一抽象实在的一部分，而是表达了心灵的运动和生命。

鲍桑葵认为归纳与演绎存在重要的关联；在这一方面，他的观点非常类似于克里斯托弗·西格瓦特(Christoph Sigwart)和W. S. 杰文斯(W. S. Jevons)。要明确地看到归纳与演绎如何关联，我们必须从鲍桑葵的如下区分开始，即假设的证实及其确立。在归纳中，假设是由“它演绎得出的结论与观察到的事实相一致而得以证实”；它的确立则只是“当我们确信被证实的结果不可能从其他原则演绎得出”(“Logic as the Science of Knowledge”, *Works*, Vol.1, p. 329)。但随后，鲍桑葵补充说：“每一证实的结果在某一程度上都确认了它得以演绎产生的原则。”(*ibid.*)那么，推理就既不是演绎(从普遍原则出发)也不是归纳(如从事例或感性数据出发)，而是“系统的”——它源于一个整体或体系的内部。因此，知识并不是作为孤立的形式命题的集合而存在；我们所知道的全都在一个系统内。

鲍桑葵对推理和归纳的观点产生了非常重要的影响，不仅在于当时人们对逻辑的理解——挑战演绎推理是“无用的”这一观点(因为那些知道前提的人也已经知道了结论的内容)，还体现在弗雷格(Frege)的“新”逻辑，随着罗素和怀特海进一步的发展，判断与推理相分离，“线性推理”成为标准。也许正是基于这一理由，鲍桑葵的观点不仅引起了广泛的批判——特别是来自剑桥和美国的“新实在论者”，还招致了维特根斯坦1914年对摩尔挑衅性的回复(引自 McGuinness 1988:199 - 200)，即维特根斯坦(并不成功的)剑桥大学本科论文有些部分“剽窃”自鲍桑葵的逻辑学。

尽管鲍桑葵的逻辑学在许多方面跟随着黑格尔，但也可以说其避开了罗素对黑格尔逻辑学的批评，即无意识地采纳并吸收了传统逻辑学的错误。的确，鲍桑葵为反驳密尔批评而为经典演绎逻辑诸要素所做的辩护“使逻辑学能被容纳到哲学中”，而且在很大程度上在不列颠哲学中“复兴了”逻辑学，尤其是在洛克及追随者的批判后(Allard 2007)。同样得到论证的是，鲍桑葵对逻辑学和科学方法的看法，接近于当代评论者对自然法则的经验性阐述的看法，比如弗雷德·德雷茨克(Fred Dretske)和大卫·阿姆斯特朗(David Armstrong)(Fred Willson 2007)。

2. 形而上学和关于绝对的理论

19世纪80年代晚期鲍桑葵就开始发表讨论形而上学的作品，但直到20世纪10年代早期也就是他60多岁的时候，才发表了对这一话题的全面阐述——他的吉福德讲座《个体性原则与价值》和《个体的价值与命运》。重要的是认识到，只有且正是在他发展了对伦理学、社会工作、哲学心理学以及政治哲学等领域的观点后，他的形而上学才最终定型。

鲍桑葵最初讨论形而上学的论文——《心灵是否与意识具有相同含义？》（"Is Mind Synonymous with Consciousness?"）和《在自愿行动中发生了什么？》（"What Takes Place in Voluntary Action?"）——关注心灵的本性，1893年至1894年他还做了一系列讲座，1897年在此基础上出版了《道德自我的心理学》（*Psychology of Moral Self*）。与粗糙的联想论者（associationist）以及经验论的"推拉"心理学（比如杰里米·休谟、约翰·斯图尔特·密尔和亚历山大·拜恩，他们认为思想在于不关联且离散的感性数据，以及源于这些数据间相邻关系的"心理习惯"）相反，鲍桑葵认为不可能将人类个体与构成其世界的全部事物分开。

鲍桑葵的一个主要兴趣点在于，清晰表达一种关于心灵和意志的理论。在《道德自我的心理学》"理智的组织"这一讲中，鲍桑葵提出："心灵的心理学要素是如此团体化和相互关联，以至于构成了在技术上被称为知觉团或知觉系统（Apprecipient masses or systems）的东西。"（*op. cit.*，p. 42）那么，心灵或自我就是大量这类的系统。随后鲍桑葵将心灵描绘为"物质的成长，更类似于结晶的过程，物质根据自己的亲缘关系和内聚（cohesion）来塑造自己"（*op. cit.*，p. 9）——他说这种观点潜藏于柏拉图和亚里士多德的学说。

在吉福德讲座中，鲍桑葵跃出对心灵的讨论，想要关注他大部分哲学思想的根本原则，这条原则也扎根于他的逻辑学研究——个体性（individuality）。

在第一系列吉福德讲座《个体性的原则与价值》中，鲍桑葵提出，当我们谈及“实在”或“真理”时，我们所想的是一个“整体”(比如一个成员间相互关联的系统)，而且正是在某一事物与其他事物的联系中观察这一事物，我们才能说不仅我们更好地认识了这一事物，而且如鲍桑葵所说，这一事物才“更加完满”、更加真实且更加实在。因为这一整体自我包含且自我满足，鲍桑葵就(跟随亚里士多德)称其为一个“个体”。但由于它的“独立性”和自我解释性特征或必要性，它也同样是一个普遍物(universal)。那么“整体”(whole)也就被鲍桑葵称为“具体的普遍”(concrete universal)。他称这一“作为活生生世界的逻辑普遍”为“个体性”或“绝对”(*op. cit.*，p. xx)，而他所采取的形而上学立场常常被称为“绝对观念论”。

据鲍桑葵所说，这一“(有限)世界中运动与努力的主要原因”是“矛盾”(*op. cit.*，p. xxviii)。不过，随着诸原则陷入矛盾，协调程序也应运而生。重新调整术语或引入新的讨论，就此冲突的要素最终会和谐共处。遇见并移除矛盾的这一过程或方法，也即任何事物成长的特征，就被鲍桑葵称为“世界的偶然性(a contingentia mundi)论证”，而且正是经由这一过程，我们才能到达“绝对”。

个体性是价值原则。因为个体性是“逻辑的自我完满和免于不融贯的自由”(*op. cit.*，p. xxxi)，鲍桑葵提出，当事物完全得到组织且其各部分能确认并维持其他部分时，他们就有价值；这并不是一个像在功利主义的论述中那样是否要欲求他们的问题。

在鲍桑葵的形而上学中，“自然”或物理事物与“心灵”间并无严格界线。鲍桑葵明确反对二元论；他认为心灵是“适应(adaptations)与获得这些储存在体内事物的完善与协作”(*op. cit.*, p. xxv)，而非独立于身体的不同事物。然而，鲍桑葵的反二元论立场并不会导向泛心论(panpsychism)——这种观点认为，所有的自然事物都具有意识(在这一方面，他明显不同于布拉德利)。他还认为，自然只有通过人的意识才完满。鲍桑葵提出，人类意识是自然与绝对之间的“中介”(copula)。

在吉福德讲座第二系列《个体的价值与命运》中，鲍桑葵聚焦于他的绝对理论如何关联于有限(即人类)个体的本性和价值。他这样来处理这一问题：首先，人类这种不仅是自然存在也是拥有自我决定意志的存在，身上有某种可以进化或发展的东西；其次，在有限存在与他者的关系中来观察有限存在；最后，展示有限自我如何能获得稳定与安全。鲍桑葵表明，人类个体身上的发展过程并不连续，也不应该被大略地认为是一种确定目的。有限自我的命运是，它逐步认识到自己是绝对的一个要素；鲍桑葵说，正是在与绝对的关系中，有限存在才能看到自己的价值。

一些批评者的回应是，鲍桑葵的论述在根本上削弱或根除了人的价值，因为他们声称，鲍桑葵所倡导的“人性的完善”并不是一个有限个体作为有限个体的发展。鲍桑葵、普林格尔-帕蒂森、G. F. 斯托特(G. F. Stout)和 R. B. 霍尔丹(R. B. Haldane)四人的著名讨论——“个体拥有的是存在的实质样式还是形容样式?”(Do Individuals Possess a Substantive or Adjectival Mode of Being?)——就聚焦于这一问题(Bosanquet et al. 1918)。在此，鲍桑葵断言，个体将世界描绘为“永恒的条件”，但同时，他又重申，有限自我并不“必然是永恒或持久存在的单元”(*op. cit.*, pp. 86-87)。我们仍然可以说，尽管鲍桑葵的绝对观念论使他拒绝了某些有关自我的观念，但他并未拒绝个体的存在或价值。他只是单纯否认，有限个体是完全独立的中心，或是最终的价值原则。近来曼德尔(Mander 2005)和斯威特(Sweet 1997a)的研究表明，鲍桑葵的论据强于普林格尔-帕蒂森。

尽管鲍桑葵将自己的方法描述为“观念论的”，但他知道这个概念含义较广且可能会引起误解。在吉福德讲座后发表的作品中，鲍桑葵煞费苦心地解释自己的观点如何完全地不同于主观观念论，摩尔在《驳斥观念论》(“The Refutation of Idealism”, 1903)和《实在论与形而上学》(“Realism and Metaphysic”, 1917)两篇文章中挑战了主观观念论，而鲍桑葵建议，他的哲学可能更准确地被描述为“思辨的”(speculative)。

在《心灵及其对象间的区分》(*The Distinction between Mind and its Objects*, 1913)以及生前最后出版的一本书籍《当代哲学各极端的交汇》(*The Meeting of Extremes in Contemporary Philosophy*, 1921)中，鲍桑葵深入探究了其哲学中的思辨特性。

《心灵及其对象间的区分》这本小书处理了美国新实在论和意大利新观念论(具体地说，是克罗齐和贞提利)的共同特征，以及他自己的论述与哲学实在论、新观念论之间的关系——鲍桑葵认为，“观念论”和“实在论”这一对术语都含混且具有误导性。如他所说，存在不同种类的实在论，也存在不同种类的观念论。此外，这两个术语也并非对立；事实上，鲍桑葵看到了他的立场与实在论者塞缪尔·亚历山大之间的某种亲缘性。不过，鲍桑葵彻底地拒绝了诸如 R. B. 佩里（R. B. Perry）、W. P. 蒙塔古（W. P. Montague）和 E. B. 霍尔特（E. B. Holt）等作家的观点。他提出，尽管想要提供关于实在的全面看法，但这一“新实在论”限制了心灵的地位，并切断了其与物理实在之间的关联。

《当代哲学各极端的交汇》这本书的标题就显示出，鲍桑葵确信，尽管看似根本意义上的差异使种种哲学彼此区分，但在不同的主流哲学流派的研究中，目的与结果仍能汇聚到一处，比如，时间的实在性、伦理学中的积极发展，以及人类进步。鲍桑葵写道，尽管在“实在”的本性上，批判实在论者和绝对论者有明显分歧，因为每一派都寻求全面的阐述，但这就导向了以“对手”为自己特征的立场。鲍桑葵本人的“思辨哲学”——他坚持认为，基于对经验的仔细分析——能补充前述两种方法。如果更为理性地去理解进步并且更为正确地阐述“个体性”的本质及实在的“统一”（心灵及其对象在其中被视为共同处于一个语境中），那么，我们就能够避免观念论和实在论中许多极端观点带来的荒谬之处，并且克服它们之间的对立。

3. 宗教

鲍桑葵的宗教哲学观点，在很大程度上受到 19 世纪《圣经》研究的影响——起初，是通过格林、爱德华·凯尔德（Edward Caird）和乔伊特著作。

19 世纪初期，大卫·施特劳斯、费迪南·鲍尔（Ferdinand Baur）和其他人的作品标志着，对宗教和经文的学术研究方法转向现在所谓的"对宗教的科学研究"。宗教经验、经书文本以及宗教实践在当时被视为向批判调查敞开的现象，而且其能够并且应该独立于某人的宗教献身精神，并根据自由原则和历史分析而得到检验。施特劳斯及其追随者挑战了将宗教教条(dogmas)和信条(creeds)等同于原始宗教经验的趋势，他们尤其怀疑人们是否能从经文记载的"事件"中重新获得这样的知识。

到了19世纪中期，这种宗教研究方法在不列颠尤其是在牛津得以确立。如乔伊特和凯尔德等人，以及英国国教"广教派运动"(Broad Church movement)中的其他人(如弗雷德·坦普尔[Frederick Temple]、J. W. 科伦索[J. W. Colenso]和托马斯·阿诺德[Thomas Arnold])都主张要以更为分析且理性的方式来理解宗教信念——尽管他们经常因此而遭到教会权威的批判。

不过，区分实践与教条，区分经验与信条也是英国国教"福音派运动"的特点。同许多观念论同伴一样，鲍桑葵生长在福音派家庭中；他晚期的哲学观点就被视为他早期宗教信念的发展，而非断裂或矛盾。

尽管鲍桑葵受传统宗教的教导，但他并非正统基督徒。虽然他确实宣称，宗教不仅处于人们生活的中心，而且还使生活值得一过。但他认为，照字面或表面看，许多特定宗教信念要么不融贯要么错误。鲍桑葵写道，在宗教中，"理性主义、好奇、比喻以及从比喻出发进行的演绎，都是在以扭曲的方式运作"(*What Religion Is*, p. 68)。而要帮助某人阅读《圣经》文本，就必然要参与到《圣经》解释学，并"学习解释"文本。不过哪怕在此处，他也怀疑"教会的圣书"是否能"就其实际意义而得到理解”(*Essays and Addresses*, p. 132)。此外，一些宗教信念的含义并不像许多人理解的那样。比如，鲍桑葵提出，如果我们检视被描述为“无限的个体”的上帝这一观念，就会发现，将“无限”赋予一个存在，可能会与“我们附加于人性上的每一个谓词”相冲突。最后，鲍桑葵认为，一般而言的宗教信念并不是关于进入我们日常生活中的某一超自然存在或超验王国。不如说，它关注在这一世界中发生的事情。那么，鲍桑葵对宗教和宗教信念的分析就是“内在论的”(immanentist)。

鲍桑葵区分了对特定人或事的宗教信念与“宗教”(或者，“作为一个整体的宗教信念”或“宗教意识”，对他来说都是同一回事)。他也并不认为自己是不可知论或无神论者，或者将“宗教”还原为“伦理”。虽然他说在基督教中有很多内容已不再能理解了，但他坚持，对道德来说，宗教在宗教意识的意义上是必要的，而且脱离了宗教的伦理学就“失去了活力或生命”。相似地，鲍桑葵反对视宗教或宗教信念为信仰超自然事物，这并不意味着他否认了精神的存在，或持有一种关于实在的还原论。讨论人类意识时，他提出，精神——生活“外在”方面的“内在”变形(transfiguration)——至少部分是存在于可见的和物质的事物中的。鲍桑葵称此处的“无限”为“绝对”。

鲍桑葵写道，人类会意识到某种无限的东西与他们生活直接相关，而且在为 1902 年 J. M. 鲍德温(J. M. Baldwin)编辑的《哲学与心理学词典》(*Dictionary of Philosophy and Psychology*)撰写宗教哲学词条时，鲍桑葵写道，这就是这种意识，并且每个人都献身于“那套对象、习惯和确信的集合，无论它证明了些什么，他都愿意为它而死，毫不放弃，或者如果放弃的话，至少他会感觉到自己被开除出人类”。这构成了宗教(*Collected Works*, Vol. 1, p. 33)。(尽管一些观念论者，如普林格尔-帕蒂森认为这样的绝对就是上帝，但鲍桑葵并不赞同——虽然他也没有明确拒绝上帝的存在。)不过，宗教信念既不完全等同于仪式和实践，也并不与它们具有本质上的联系。这既不要求遵从也不需要同意一套见解或教条——关于历史上信徒团体中人或事件的见解就更是如此。简言之，宗教信念与有神论(theism)完全不同。在这一点上，鲍桑葵最为全面地阐述了19世纪观念论哲学家的看法(Sweet 2014)。

虽然人们可以在人类历史和全世界中发现宗教信念与宗教意识，但鲍桑葵拒绝承认所有宗教都处于同等地位。宗教意识会进化，而高级形式的宗教——如展示了神圣(the Divine)与人类本性的统一——是更为“正确的”宗教。鲍桑葵最终的关注点在于最高形式或获得完全发展的宗教——凯尔德称之为“绝对宗教”(“Absolute Religion”)。虽然鲍桑葵并未特别地阐述这一点，但他的吉福德讲座给出了一些他在这方面思考的线索。

抛开他自己对基督教的批评和挑战，鲍桑葵相信基督教文明和文化有益于这个世界，而且基督教是早期宗教的发展。此外，他不仅经常运用基督宗教信念和实践的典故来描述自己的一般观点，而且还保留了一些基督教学说的要素，比如赎罪(atonement)和因信称义(justification by faith)的观念——尽管进行了高度修正。赎罪学说(鲍桑葵经常用歌德的名言来指代，即“向生而死”[dying in order to live])和“因信称义”学说(强调了宗教意识要在"做工"中出现)都具有实践而非理论的意义。前者反映了"自我牺牲"的观念，涉及自我实现的完成——在其中人们不得不让其"私人意志"的欲望"死"，以便能作为更完善的道德行动者而"生"。而后者提醒我们，仅就行动出于某人所献身的"统治性观念"(dominant ideas)体系而言，这个人的行动就拥有道德和精神特征。

考虑到他对什么是宗教的解释，鲍桑葵认为，宗教完全能与理性保持一致。他坚持认为，作为一个整体的宗教信念并不是迷信，而且就其表达了"朝向整体的努力"(nisus towards the whole，*Principle of Individuality and Value*，p. 98)而言，这一整体信念非常正确。此外，由于特定的宗教信念自称是认知性的，那么至少在原则上，它们必然能为信徒和相似的非信徒所知(然而，他非常怀疑传统护教学的意义)。在上述两个例子中，鲍桑葵用以评断宗教中真理的标准，都与他评断一般真理的标准相同——融贯。

在2006年出版的《形而上学的上帝》(*The God of Metaphysics*)一书中，T. L. S. 斯普里奇(T. L. S. Sprigge)赞同广义上的鲍桑葵式宗教观念，但对鲍桑葵的阐述提出了诸多批评，尤其关于其对伦理学的影响。比如，斯普里奇主张，通过将恶吸收到绝对中，鲍桑葵不仅未能认真地对待恶，而且还鼓励了消极态度，即认为恶或者无法避免，或者最终自己就会消失不见。不过，认为鲍桑葵的绝对观念论会产生这种对恶的态度，这一主张似乎很难与他对公共福利的关心和对社会改革的热心联系起来。

虽然宽泛地讲，鲍桑葵对宗教信念的分析反映了他许多观念论同道的理解，但却明显不同于19世纪晚期到20世纪早期的其他观点，比如威廉·克利福德(William Clifford)、约翰·纽曼(John Henry Newman)和威廉·詹姆斯(William James)，并且可以看作他们的替代方案。考虑到鲍桑葵学说的内在论特征以及坚持将宗教与教条和神学相分离，这一观点接近于人们最近在R. B. 布雷斯韦特(R. B. Braithwaite)、R. M. 黑尔(R. M. Hare)、W. 坎特韦尔·史密斯(W. Cantwell Smith)、D. Z. 菲利普(D. Z. Philips)和亨德里克·哈特(Hendrik Hart)著作中发现的看法，而且与英国国教徒神学家唐库皮特(Don Cupitt)倡导的当代"信仰之海"(Sea of Faith)运动有相似之处。同这些作家一样，鲍桑葵的观点遭到挑战(比如来自C. C. J. 韦布[C. C. J. Webb]、弗朗索瓦·胡安[François Houang]和阿兰·P. F. 希尔[Alan P. F. Sell])，不仅是因为与正统有神论不协调，还因为其替代性地展示了非实在论的一般宗教(一些批评者认为，这根本不是宗教)。不过，重要的是要看到，鲍桑葵并非在提倡一种非认知论或信仰主义的宗教观点，而是坚持认为作为整体的宗教信念和特定的宗教信念都必须满足适当的理性标准(Sweet 2000)。

4. 美学

相比于第三代观念论者柯林武德(1889—1943)以及同时代意大利哲学家克罗齐(1866—1952)的作品，鲍桑葵在美术和美学方面的写作并没有那么出名。然而，鲍桑葵却是第一位用英语撰写美学史的学者。门罗·C. 比厄斯利(Monroe C. Beardsley)认为这是一本"开创性作品"(1966：14)，是半个世纪以来唯一一本用英语书写的美学综合性研究；文学学者、牛津大学诗学教授 A. C. 布拉德利认为鲍桑葵是“唯一一位充分处理过这一哲学分支的一流英国哲学家”(A. C. Bradley，p. 570)。

鲍桑葵一生都对艺术怀有兴趣，他的著作中充满着来自艺术的事例与说明。他阅读广泛,尤爱诗歌，古典到现代作品均有涉猎，而且他还在伦敦的家庭艺术与手工业协会(Home Arts and Industries Association)担任过几年委员。他早年翻译出版了《黑格尔美学导论》(*The Introduction to Hegel's Philosophy of Fine Art*, 1886)并为此撰写了长篇导言。他还撰写了不少美学文章，1892年出版了《美学史》(*A History of Aesthetic*)，1895—1896 年在伦敦伦理学会发表了一系列美学讲座，最后在 1915 年出版了《美学三讲》(*Three Lectures on Aesthetic*)。

鲍桑葵的美学受益于黑格尔、浪漫派运动(Romantic movement)、艺术与工艺运动(Arts and Crafts movement)以及赫尔曼·洛采(Hermann Lotze，1817—1881)的哲学。鲍桑葵得到的启发主要来源于黑格尔对美术功能和发展的看法，但他也同样受浪漫派运动及其信徒的影响(比如 J. W. 歌德[J. W. Goethe]、F. W. J. 谢林[F. W. J. Schelling]和威廉·华兹华斯[William Wordsworth]，还有 S. T. 柯勒律治[S. T. Coleridge]、罗伯特·骚塞[Robert Southey]以及威廉·布莱克[William Blake])，有趣的是黑格尔曾抨击过这一运动。在鲍桑葵著作中，浪漫派的观点都占据了重要位置，比如强调统一(unity)，强调艺术因其是对自我发展来说必要的自我表达形式而具有的重要性，以及关于自然的有机观念。但其他浪漫派主题却并未顺利地被采纳。鲍桑葵完全拒绝将情感置于理性之上，而且他承认艺术和一般意义上的艺术活动所受限制的重要意义。

对鲍桑葵来说，艺术能帮助人们意识到世界的“精神”特性，而美学非常重要，因为这是一种规范化的尝试，去理解艺术家和艺术作品如何促进了这一点。鲍桑葵的美学著作关注以下四个主要问题：（1）审美意识的本性与发展；（2）艺术作品；（3）审美鉴赏，特别是艺术中美、丑和崇高的经验；（4）艺术在性格发展中的作用。鲍桑葵写道，自始至终他都是单纯地跟随黑格尔的引导——尽管他的著作明显是发展而非重复了黑格尔的观点。

在《美学史》（某种程度上，还有《黑格尔美学导论》的导言）中，鲍桑葵大篇幅地讨论了第一个问题，即审美意识。比如，在《美学史》中，鲍桑葵描述了欧洲历史过程中如何逐渐承认艺术是内容与表达的综合。他追踪了理解艺术和美的过程中的连续与“断裂”，从古希腊的模型（其观点是“艺术……是象征的”）到中世纪，到席勒与歌德笔下开始出现的具体综合（concrete synthesis），并随后指向了“内容与表达的综合，其中‘特征’（characteristic）支配了心灵与感觉”（*A History of Aesthetic*，p. 458），而这一点是在约翰·罗斯金（John Ruskin）对“敏锐的想象”（pernetrative imagination）的分析中得到的。尽管黑格尔早就提出，意识——一段时间里也包括审美意识——会随着时间而不断发展，但鲍桑葵并未忠于黑格尔的主张，即审美意识在辩证地发展。

对鲍桑葵而言，美学与形而上学之间有非常重要的联系；理解艺术和艺术家的作品，需要较为广阔的形而上学和逻辑学理论(正是这一在鲍桑葵晚期著作中发展出的，形而上学与美学间的联系，使得多萝西·艾米特[Dorothy Emmet]写道，《美学三讲》是鲍桑葵“最为成功的作品”[Emmet 1998：28])。对鲍桑葵来说，审美经验体现了我们拥有的较高层级经验，这些经验能帮助我们洞察实在的完全本性，而且它们所具有的特征就是我们也能在形而上学与逻辑学中发现的那些。因而，美术不仅能够帮助理解这一世界的其他方面，还能帮助揭示世界的“精神”特性。

鲍桑葵关注的第二个主要问题是，艺术作品是什么，以及在创作艺术作品时涉及什么。同样，鲍桑葵对这一问题的处理超出了黑格尔的论述；并且也预示了随后能在柯林伍德与克罗齐作品中发现的要素。

在鲍桑葵看来，创作艺术作品就是表达精神或感觉；一些人认为鲍桑葵描绘了尚未成熟的艺术表现(expression)理论。然而，鲍桑葵认为，在艺术作品中也存在用于交流的内容，因此也是“再现的”(representative)(*Three Lectures*，p. 57)——不仅在复制自然对象的意义上，还在于将对象或感觉的“灵魂”或本质具现到新中介物上(在此，鲍桑葵明显受到黑格尔的影响，后者认为当理念具现于感性形式，美才存在)。尽管艺术家会设想在作品中达成什么样的效果，但在投身于活动本身时，他们也会进一步学习。那么，艺术作品就是表达过程的产物，但正常来说这一表达必然要完成于“物理”世界的一个对象中。因此，鲍桑葵坚持认为，尽管艺术作品源于主观，但同样也是客观事物。他写道：“感觉……为了能以确定的方式得到表达，必须要具有

客观特性。”(*Value and Destiny of the Individual*, p. 43)

有些人表示，鲍桑葵将感觉具现于艺术作品中的论述并不清晰(Kobayashi 2009：166)，鲍桑葵可能回复说，这一关注点在他如下看法中已经得到了处理，即艺术作品是“具体的普遍”，它具有组织特性以及展示了其各部分相互联系的统一特性，而且它在具体形式中展示了某些普遍原则。

鲍桑葵关切的第三个主要问题是，一个人遇见艺术作品，即在审美欣赏时，发生了什么。在《美学三讲》中，鲍桑葵分析了“审美态度”(aesthetic attitude)，认为这不仅是心灵的活动，还是整个人——“身体与心灵”——的活动(在《个体性的原则与价值》第五讲中，鲍桑葵大篇幅地讨论了身体与心灵的结合这一问题)。虽然鲍桑葵是观念论者，但他是客观观念论者，并且坚持像感知(preception)一样，审美经验涉及整个人。

在鲍桑葵看来，美学态度是“静观性的”(contemplative)——“全身灌注于愉悦情感上，并且具现于能静观的对象中”(*Three Lectures*, p. 10)。但在艺术作品中，观众也能发现他或她的感觉得到了“表达”。鲍桑葵写道，当我们“充满想象力地静观”艺术对象时，我们“能……将其视为我们感觉的具现并生活于其中”(*Three Lectures*, p. 30)；在艺术与其在我们身上唤起的感觉之间，并无根本差别。此外，鉴赏一件艺术作品，需要将其作为一个整体或统一体来理解，而且这也必然是组织化的。这一组织化特性不仅指向艺术对象本身内部的要素或特征，还指向这一作品产生的环境。进一步来说，鲍桑葵主张，艺术(以及审美意识)只在共同体中有其基础。那么，艺术就具有社会和公共属性——就艺术家和观众在认识上都依赖于他们所生存的共同体而言。

在《美学三讲》中，鲍桑葵对审美鉴赏的讨论也处理了这种问题，比如种种形式的审美满足以及不同“种类”的美——美不能只理解为审美上令人愉悦的东西。对他作品的批评性关注(比如 John Dewey 1893)也正集中于此。鲍桑葵主张，尽管美有时“很容易”，每个人都能获得或认识到，但某些卓越的美的事物，只对那些拥有“审美洞察力”的人才显而易见。由于艺术作品组成部分带来的“盘根错节”或复杂性，某些人可能会认为一个审美上卓越的对象非常丑陋。鲍桑葵写道，这是个错误。他提出，严格地说丑是表达的失败。艺术上的丑一定不能与“艰奥的艺术”相混淆，即艺术是美的，虽然很多人可能欣赏不了。

鲍桑葵在美学中的第四个主要关注点是，艺术在性格发展中的作用。在几篇早期(1886—1890 年)论文中，他强调艺术如何会引向自我的拓展——不仅是创作艺术品的艺术家，还有欣赏作品的观众(鲍桑葵跟随威廉·莫里斯[William Morris]和罗斯金的观点，认为“手工艺术品”和“美术”同样会导向这一结果)。短期内，审美欣赏会导向更高的能力，不仅能欣赏艺术还能欣赏生活。但如前文指出的那样，鲍桑葵也同样坚持认为，长期来看——在此与黑格尔相同——艺术能帮助我们认识那些与实在统一性相关的洞见，也能帮助我们经历比自身更为崇高的事物。

虽然鲍桑葵的美学接近于柯林伍德和克罗齐的表现理论，且尽管鲍桑葵著作与柯林伍德早期的美学研究之间有一定承接关系，但鲍桑葵尖锐地批判了克罗齐。鲍桑葵主张，任何恰切的美学理论必须要为艺术中的外在性留出空间，因此他认为，任何“怀疑外部世界实在性”的理论——他相信克罗齐就是这种——都不能准确地描绘这一世界的统一性。比如，鲍桑葵也挑战了艺术先于概念和哲学的主张。他提出，克罗齐忽略了如下两点：“审美态度是通过学习而得来”（“Croce's aesthetic”，*Collected Works*，Vol. 1，p. 113），以及，如果语言仅仅是表达，那么逻辑和概念意义都要从中排除，但我们拥有的形而上学“单一性”（singleness）概念将缺乏实质、内容或“确定含义”（definite meaning）。最后，鲍桑葵写道，克罗齐未能恰当地阐述审美、自然事物与形而上学之间的关系。克罗齐将美学限定在艺术领域，因此他就忽视了自然之美在呼吁我们“走出我们自己”并认识什么是真实这一过程中所发挥的作用。

可以说，鲍桑葵发展了黑格尔对艺术作品的创作和审美鉴赏的本质所做的论述，并不是将艺术和审美经验只理解为宗教的前奏，还在意识的发展史中重新排定了两者的位置（结果，他就拒绝了他所理解的那种克罗齐式黑格尔解读：在某一阶段，独一无二地表达了某些真理的艺术将不再具有任何功能，且将被另一种意识形式替代）。此外，鲍桑葵认为艺术表达了情感这一点——稍后为克罗齐和柯林伍德清晰地阐述并进一步发展——可能会免于一些对后两者所做阐述的批评。虽然小林（Kobayashi）主张这一论述未能解释审美情感或感觉如何能在艺术家与观众之间分享（2009：166），但鲍桑葵可能回应说，他将艺术品理解为具体的普遍这一论述会提供解释。近来一些研究

（比如 Morigi 2001）就提出，鲍桑葵著作中的一些洞察能帮助人们进一步研究观念论美学，而其他人主张，鲍桑葵对审美判断和审美意识的分析，可能与那些关注自我意识和我们与其他人之间关系的领域（比如政治）相关。

5. 社会、政治与法哲学

鲍桑葵的社会与政治哲学被称为“观念论的”，因为他认为社会联系和制度最终并不是物质现象，而最好理解为存在于人类意识之中。鲍桑葵的观点展现出强烈的黑格尔影响，以及明显受益于康德以及柏拉图、亚里士多德的古希腊哲学，另外他的学说也主要是在回应边沁、密尔的功利主义和以自然权利为基础的斯宾塞学说。的确，鲍桑葵经常说自己的政治理论反映了古典哲学中的诸多原则，而他早期还撰写了柏拉图《理想国》评注。不过，他的这种思想明显处于自由主义传统之中。

鲍桑葵社会与政治哲学的主要文本是《关于国家的哲学理论》（1899[1923；Sweet and Gaus（ed.）2001；Sweet 1997b]），尽管他也在一系列文章中发展了自己的许多观点，这些文章或是为专业的学术期刊供稿，或是为慈善组织协会或大众媒体撰写。像许多观念论同道一样（尤其是 T. H. 格林、D. G. 里奇[D. G. Ritchie]、威廉·华莱士[William Wallace]、约翰·华特生[John Watson]以及并不那么相同的 F. H. 布拉德利），鲍桑葵主要想去解释，政治权威和国家的基础，公民在社会中的位置，以及人权的本质、来源和限制。他所发展的政治理论，与其形而上学和逻辑学有重要的联系，尤其是个体、普遍意志、“最美好生活”、社会以及国家这些概念。鲍桑葵主张，要对这些问题进行融贯地阐述，就必须放弃自由主义传统中的某些假定，尤其是那些承诺了“个体主义”(individualism)的概念。

鲍桑葵认为权威和国家并不奠基于个体同意或社会契约，也并不是主权的单纯产物，而是人性自然发展的一部分，是他称为“真实”或普遍意志的表达。在鲍桑葵看来，个体意志是“一个精神系统”，其组成部分“观念或观念群”“在不同程度上彼此相联，并且或多或少服从于某些统治性观念，它们作为规则，规定着其他观念(如某人拥有的其他观念)的位置和重要性”(Bosanquet 1893-1894，p. 311)。

因此，鲍桑葵写道：“为了全面阐明我们意愿(will)什么，我们在任一时刻的需要至少必须要由我们在其他时刻的需要来修正与改进。”但这一过程并未到此结束。他继续说：“要实现这一点，也需要对其修正与改进，以便和其他人的需要协调一致，这涉及他们对自身进行相同的处理。”(1899[1923；Sweet and Gaus(ed.)2001]：133)换句话说，如果我们希望准确阐述我们在意愿什么，那么我们必须不只关心我们在某一特定时刻的希望，还要在可能了解到的范围内关心我们和其他人都(或可能)有的其他需要、目的、联系和感觉。结果便是“真实”或“普遍意志”。

鲍桑葵看到“真实”或“普遍意志”与“共同善”之间存在一定关联。他写道：“最终，普遍意志是理智存在者无法根除的冲动，朝向超出其自身的善。”(1899[1923；Sweet and Gaus(ed.)2001]：127)这种“善”就只是“人类品性的存在与完善”，鲍桑葵将其等同于“灵魂的卓越”和个体的完全实现。就国家反映了普遍意志和这一共同善而言，它的权威是合法的并且它的行动在道德上是正当的。因此，鲍桑葵将国家的功能描述为对人类发展“阻碍的阻碍”(1899[1923；Sweet and Gaus(ed.)2001]：189)。

卢梭和黑格尔的影响在此非常明显(Sweet 1991)。在黑格尔《法哲学原理》中，鲍桑葵发现了将国家正确地阐述为“有机体”或整体，其围绕对善的相同理解而统一起来这一点。此外，像黑格尔一样，他主张国家与所有其他社会制度一样，最好被理解为伦理观念，存在于意识层面而非仅仅在物质现实层面。鲍桑葵认为，在民族国家内国家的权威是绝对的，因为社会生活需要持续协调个体与机构的活动。

不过，虽然鲍桑葵相信国家是绝对的，但他并未排除国际法组织体系的可能性(Nicholson 1976)。他认为，在当时缺乏有效承认并执行这种体系的条件——尽管他期望国联(the League of Nations)反映人们开始意识到真正的人类共同体，并且为实现跨国行动提供一定机制。

因为国家被认为反映了普遍意志，也是鲍桑葵所说的每个个体真实意志，所以他(跟随卢梭)认为，有时候个体可能因为自身利益而被要求参与到某些活动中，即他们能“被迫自由”。此外，他坚持认为，某人在社会中的“地位”或“职能”正是通过“共同善”得以确定，而且正是有意识地履行附随于“地位”的那些义务，才构成了伦理行为。事实上，在鲍桑葵的论述中，正是在服务于国家这一见识下，个体才有基础去讨论他或她的个体身份。那么，毫不奇怪，如泰勒(Tyler 2006)指出的那样，鲍桑葵经常被人挑战，他们认为鲍桑葵是反民主主义者，并且他的哲学观点会导致个体价值的消解。不过，这样一些攻击忽视了，鲍桑葵坚持认为自由是人类的本质与能力，他还强调人类个体的道德发展，并限制国家不能直接促进道德发展(这反映出他阅读过康德以及格林的康德主义对他产生的影响)。此外，鲍桑葵并不认为国家行动有先验的限制，但他提出存在大量确实在进行限制的现实条件。比如，虽然在促进共同善时法律是必要的，但它不可能使一个人获得善，而且社会最好也是由自愿行动来促进(在从事慈善组织协会的社会工作时，鲍桑葵发现并为之辩护的正是这一点)。

虽然国家和法律运用了强制与监禁，但它们被认为是“积极的”，因为它们提供了物质条件以实现自由、运转社会制度并发展个体的道德品质。对鲍桑葵来说，自由能够与法律相容。此外，由于个体必然是社会存在，他们的权利就既不是绝对的也非不可剥夺，而是反映了他们在共同体内拥有的“职能”或“地位”。因为这些权利不仅有道德含义，也有法律含义，鲍桑葵坚持国家必须在法律中承认这些权利。严格地说，不可能存在任何反对国家的权利。不过，鲍桑葵承认，在社会制度已经在根本上腐朽的地方，即使没有权利进行反叛，仍有义务进行抵制。

鲍桑葵引入惩罚这一话题，正是在讨论国家行动的本质、来源与限制以及权利的本质，他考虑了三种惩罚理论——报应、矫正、预防——并发现它们都有缺陷；有些人主张，鲍桑葵最终并未像格林一样提供清晰且一致的惩罚理论。然而，鲍桑葵写道，“惩罚的这三个主要方面……事实上不可分割”(1899

［1923；Sweet and Gaus（ed.）2001］：215）。惩罚是对坏意志行为的回应，因此可算是报应论，但也包含了恰切的阻止性要素，以及改正性特点（因为"惩罚的目的在于使冒犯者变好"［p. 206］）。这三种理论间的紧张关系也导向了这一问题，即鲍桑葵是否提供了一种"惩罚的统一理论"，近来布鲁克斯（Brooks 2010）、克罗斯利（Crossley 2004）和斯威特（Sweet 2000）等学者都提出，有一种方式能调和这些不同的理论，但在这一点如何发生上他们有所分歧。

虽然有时鲍桑葵被认为是保守主义者，但最近一些研究指出他是积极的自由党人，而且在20世纪10年代支持工党。他坚持国家在促进社会福祉时发挥的积极作用，而且非常赞同工人所有权。同样值得注意的是，鲍桑葵的听众中职业社会工作者或政治家与哲学家一样多。他非常了解不列颠、欧陆和美国的政治局势。他的兴趣延伸到经济事务和社会福利方面，在成人教育和社会工作方面的经历也为他的研究提供了强烈的经验面向。这一背景可使他坚定地回应许多批评者的挑战，比如密尔、斯宾塞等哲学家，以及社会改革者如韦布夫妇[①]和救世军（Salvation Army）的创建者卜威廉将军（General William Booth）。除了一些人会指控鲍桑葵的政治哲学过分简单、前后不一甚至天真幼稚，亚当·乌拉姆（Adam Ulam）写道，《关于国家的哲学理论》"对争论中的政治与哲学意见，有全面且清晰的认识，这使得该书在现代政治思想中有极为重要的意义。鲍桑葵不仅是政治理

① 悉尼·韦布（Sidney Webb，1859—1947）及其夫人贝特瑞斯·韦布（Beatrice Webb，1858—1943）均为当时英国著名的社会经济学家与社会改革家，是费边社（Fabian Society）早期成员。——译者注

论家也是政治分析家”(Ulam 1951：50)。科林·泰勒(Colin Tyler 2002)提出，鲍桑葵的政治思想也能提供一定基础，使人们认可适合于自由、跨文化社会的文化多样性。

有人提出康德和黑格尔的影响会在鲍桑葵政治思想中产生张力(Vincent 1982)。鲍桑葵强调人类个体的道德发展，也强调限制国家直接促进道德，这明显反映了康德的影响。此外，鲍桑葵相信，他描述的“最美好生活”是个体和国家之“目的”，接近于康德的“目的王国”。甚至鲍桑葵为国家权威所做的辩护，也可以视为反映了康德的定言命令，即人们将国家意志视为实现道德目的的手段。

6. 社会工作与成人教育

1881 年搬到伦敦后不久，鲍桑葵与他同父异母的哥哥查尔斯以及好友兼同学 C. S. 洛赫(C. S. Loch)，一同参与到慈善组织协会(Charity Organisation Society)的工作中。他与慈善组织协会一生的缘分就此开始——这也是鲍桑葵一直都在关注的组织。自 1899 年至逝世，鲍桑葵一直都担任慈善组织协会委员，1901 至 1915 年担任副主席，1916 至 1917 年担任主席。他也任职于慈善组织协会的行政委员会和地方委员会，并且曾参与运营慈善组织协会资助的社会学与社会经济学校(自 1908 至 1912 年担任该学校的执行委员会主席)，自 1903 年直至 1912 年这一学校并入伦敦经济学校。

对鲍桑葵来说，从事社会工作也需要关注教育，更为广泛地说，关注教育改革。经由他的表亲玛丽·C. 麦卡勒姆(Mary C. McCallum)，鲍桑葵了解了家庭艺术与手工业协会(Home Arts and Industries Association）及其在实践教育中发挥的作用。1891年起，鲍桑葵也频繁地为伦敦伦理学会（London Ethical Society）及其短命的继任者伦敦经济与社会哲学学校（London School of Ethics and Social Philosophy，1897—1900）举办讲座并参与教授大学拓展课程——这最初是归属埃塞克斯馆（Essex Hall）的大学拓展计划。鲍桑葵的许多著作都是基于或为这些课程所准备的文本，比如《逻辑要义》《柏拉图〈理想国〉指南》《道德自我的心理学》《关于国家的哲学理论》。

鲍桑葵讨论社会话题的讲座与论文，不仅一般性地关注社会制度和国家在促进美好生活中发挥的作用，也关注社会改革的特定问题。这些文章大部分发表在《慈善组织评论》（*Charity Organisation Review*），但有一些不限于慈善话题，也发表在主流的哲学与社会学杂志和书籍上。在《论文与演讲集》（*Essays and Addresses*，1889）中，鲍桑葵倡导了一种他称为"基督教希腊主义"（Christian Hellenism）的"现代生活理想"。在该书一篇题为《地面上的上帝之国》（"The Kingdom of God on Earth"）的文章中，鲍桑葵分析了人类个体与随后在他政治哲学中处理的共同体之间的关系。

特别是因为在慈善组织协会的工作，鲍桑葵非常熟悉所谓"社会问题"的相关经验数据，并且就社会改革广泛地提出了具体建议。关于这一点，可见其1891年发表的《走上歧路的〈深暗的英格兰〉》（*"In Darkest England" On the Wrong Track*）一书，其中鲍桑葵讨论并批判了救世军卜威廉将军解决贫困的计划；还可以阅读1895年《社会问题的各个方面》（*Aspects of the Social*

Problem)，鲍桑葵编辑了这一系列论文，并亲自撰写了18篇文章中的6篇。不过，鲍桑葵相信，社会进步的关键在于个体品格的发展。正是关注品格而非社会制度这一点，使得许多改革家都不喜欢他的观点，包括费边社的社会激进主义者韦布夫妇。人们尤其会指控鲍桑葵的观点过于个体化，并未触及贫困的根源(Hobhouse 1918：78-79)。这一分歧在《济贫法》皇家调查委员会达到了顶峰，海伦·鲍桑葵与贝特瑞斯·韦布都任职其中。一些评论者写道，在检视他们对实际政策的特定意见时，鲍桑葵夫妇与其对手的分歧主要是在策略上而非原则上。

对鲍桑葵而言，教育并不只是获得知识，而是获取价值。他参与成人教育，不仅因为他想将高等正式教育带给更多的人——他们比典型的本科生有更广泛的生活经验；还因为他认为艺术在性格发展中发挥了重要作用。虽然恰当的教育要对普遍原则有所了解，但这也同样涉及道德与审美价值。无论在早期还是晚期著作中，鲍桑葵都特别关注这些价值如何能根植于心。

在他的早期论文《教育中的艺术手工品》("Artistic Handiwork in Education"，1887)中，鲍桑葵赞成将某种形式的手工制品引入到初等和中等教育中。鲍桑葵写道，这有助于唤起、享受并欣赏自然与艺术之美。具有独特艺术特性的手工品，不仅需要人们努力去积极理解，还要"深深地注视"自然。此外，研究艺术品为我们理解其他民族的文化、性格以及普遍人类价值提供了一把钥匙。

在1900年《柏拉图〈理想国〉中对年轻人的教育》(*The Edu-*

cation of the Young in 'The Republic' of Plato)、1908年对《如何提高教育的伦理效率?》("How Could the Ethical Efficiency of Education be Increased?")一文的评论、1918年《伦理学的若干建议》(*Some Suggestions in Ethics*)中,都能发现相似的教育观点。比如,在《伦理学的若干建议》中,鲍桑葵区分了"无知"(ignorance)和"愚蠢"(stupidity)。无知是并不知道事实的理智状态。但对鲍桑葵来说,更成问题的是愚蠢——"没能力看见"或无法察觉到价值,因为这或者扭曲了,或者反映了某人"与事实、对象和真理相关观念"的扭曲状态(*Some Suggestions in Ethics*, p. 236)。对鲍桑葵来说,教育首要应该指向提升品格;这才是让他们"觉醒兴趣并使自己与价值相称"(*Some Suggestions in Ethics*, p. 237)的治疗方案。不过,这需要在学校进行教育改革——关注学校的氛围或风尚,教师们的个性,学习、娱乐的组织安排。经由一系列人们尤其是年轻人参与艺术或艺术训练的社会活动,鲍桑葵相信社会能够帮助人们欣赏美以及道德卓越。

四、总体评价

对鲍桑葵著作以及观念论整体的兴趣在20世纪中期不断衰退。在观念论者中,布拉德利的著作以及格林在政治理论方面的著作,现在也都比鲍桑葵的作品知名。这一点不能简单地进行解释,许多要素都与此相关。

一些在鲍桑葵生前就奠定名声的工作——他撰写的通俗文章、从大学拓展课程而来的书籍与论文,以及积极参与的社会政策——现在似乎大部分都过时了。鲍桑葵与《济贫法》皇家调查委员会多数意见报告之间的关系，以及据说他支持民族国家这一点，使许多人认为他是保守主义者——如果不是反动主义者的话。他对社会与公共政策以及政治哲学的贡献，几乎一发表就完全过时了。

也有人说，鲍桑葵著作的一些核心概念很成问题或者没有得到清晰界定，而且人们在他的一些文章中也并没有发现学院哲学家在为更专业读者提供的材料中应有的那种严密逻辑。虽然鲍桑葵有深刻见解且涉猎范围广阔，且相比于其他如布拉德利和麦克塔加特等观念论者，有更多的潜在读者，但鲍桑葵的写作相比一些同时代人来说不够锐利，缺少厚度，甚至没那么惊艳。

也可以公正地说，鲍桑葵本人在文采上比较平庸。人们经常能在其作品中读出散漫的态度，那种从为大众或学生准备的演讲改定而来的散漫，而且他也写道："我通常比较匆忙地处理我的书稿，对它们感觉有点厌倦。"(Muirhead 1935：131)他早期讨论逻辑学的作品因"生硬"(stiffness)而出名(Muirhead 1935：158)。但这些首要归属文采的问题，可能是因为鲍桑葵拒绝割断哲学分析与他想要调查的那类经验之间的联系。

还有一些原因，也无疑使人们对鲍桑葵著作的兴趣进一步下降。到了20世纪早期，哲学观念论整体被许多人视为哲学死胡同，摩尔、罗素和A. J. 艾耶尔(A. J. Ayer)挑战着他们眼中观念论无可救药般含混的词汇，以及作为其基础但很成问题的思辨形而上学。

不过，我们不应该低估鲍桑葵，以及一般而言英国观念论的影响与遗产。

今天在政治和社会思想领域，人们能看到其合理性或遗产。鲍桑葵的主张至少非常接近一些当代社群主义者的著作——或者能更好地替代它们。在查尔斯·泰勒(Charles Tyler 1992)和阿拉斯代尔·麦金太尔(Alasdair MacIntyre 1990)近来的著作中，人们可以发现其中回响着鲍桑葵的观点：强调共同善的重要性，强调个体的社会特征，强调共同体内实质性社会目的所具有的根本地位。其他作者(如杰拉德·高斯[Gerald Gaus 1983，1994，2001])也在鲍桑葵著作中发现了一种实质性自由主义。

第二个开始探索的领域是，鲍桑葵与不列颠下一代哲学家之间的关系，比如柯林伍德与迈克尔·奥克肖特(Michael Oakeshott)。柯林伍德在其未发表的《关于作为哲学科学的政治理论的笔记》("Notes towards a Theory of Politics as a Philosophical Science")中就讨论了鲍桑葵的政治哲学(Connelly 2002)，而迈克尔·奥克肖特认为《关于国家的哲学理论》"全面关注了国家理论必须要考虑的所有问题"(Oakeshott 1936)。

近来一些研究关注鲍桑葵对宗教和逻辑学的看法。鲍桑葵为人所知在于其影响了英国神学家和未来坎特伯雷大主教，威廉·汤普(William Temple)的"社会福音"(social gospel)思想。更广泛地说，近来一些宗教研究也如前文所述反映了鲍桑葵强调宗教信念的道德特征而非学说特征。虽然许多人都接受了这一标准看法，即观念论逻辑学存在问题，而且比不上随后罗素和维特根斯坦发展的逻辑学，但值得注意的是，考虑到鲍桑葵认为逻辑学处于哲学的中心地位，他参与并就当时逻辑学的发展进行了辩论，如弗朗兹·布伦塔诺(Franz Brentano)、亚历克修斯·迈农(Alexius Meinong)和罗素的学说。在1923年出版的《心灵本性三论》中，鲍桑葵仔细地检视了罗素《心的分析》(*The Analysis of Mind*)，提出两者间有很多相同之处，罗素的观点与其说是错误不如说是“过于狭隘”的。也有人提出，鲍桑葵关于逻辑与科学方法的观点，非常接近当代批判自然法经验阐述的学说。

近来人们开始探究分析哲学的起源，使得学者更为仔细地检视鲍桑葵与英国观念论的联系，人们也需要更为彻底地探寻其观念论的智识根源。虽然人们都知道鲍桑葵受益于黑格尔与康德的思想，但其作品还受到大量其他人的影响(Sweet 1995)。也许最重要的是古希腊思想，而且人们最近也认识到，如果不理解鲍桑葵受益于古希腊哲学，就不可能完全理解他的哲学。

最终，即使鲍桑葵乃至整个英国观念论的影响在本土已经衰弱，但在英语世界的另一些国家依然持续了一段时间。因此，除了身处不列颠的“第三代”观念论者或受观念论影响的哲学家(如柯林伍德、奥克肖特以及艾米特)，鲍桑葵的思想也影响了其他国家用英语开展的哲学研究，如在加拿大(约翰·华特生)、在南非(赫恩勒[Sweet 2010]、A. R. 罗德[A. R. Lord, Sweet 2005]和安德鲁·默里[Andrew Murray])以及在印度(希拉拉尔·哈尔达尔[Hiralal Haldar]、萨瓦帕利·拉达克里希南[Sarvepalli Radhakrishnan]和贝诺·雷[Benoy Ray])(Sweet 2011)。

近些年来，人们对鲍桑葵著作重新燃起兴趣——主要关注其哲学与社会思想。考虑到过去30年发表了大量黑格尔、格林以及布拉德利(稍晚近一点)的研究,以及人们要重新评估英国观念论著作的重要意义和其在哲学史上的位置,人们也会逐步重新考虑鲍桑葵哲学的贡献。

参考文献*

一手文献

斯威特主编的20卷本《鲍桑葵全集》(*Collected Works of Bernard Bosanquet*)已于1999年由特梅斯出版社(Thoemmes Press, Bristol, U. K.)出版。除重印鲍桑葵主要作品的标准版本之外,还有两卷收录了之前未结集出版的论文,并带有编者注和编者导论。全集主要包括如下文本:

《知识与实在:对布拉德利〈逻辑原理〉的批判》(*Knowledge and Reality, A Criticism of Mr. F. H. Bradley's* "Principles of Logic", London: Kegan Paul, Trench, 1885.)

《逻辑学,或知识的形态学》(*Logic, or the Morphology of Knowledge*, Oxford: Clarendon Press, 1888; 2nd ed., 1911.)

《论文与演讲集》(*Essays and Addresses*, London: Swan Sonnenschein, 1889.)

《美学史》(*A History of Aesthetic*, London: Swan Sonnenschein, 1892; 2nd ed., 1904.)(中译本:《美学史》,李步楼译,商务印书馆2019年版)

---

* 更详细的研究文献可访问赫尔大学"观念论与新自由主义"研究中心网站 https://idealismandnewliberalism.org/bibliographies/。——译者注

《基督王国的教化及其他研究》(*The Civilization of Christendom and Other Studies*, London: Swan Sonnenschein, 1893.)

《逻辑要义》(*The Essentials of Logic: Being Ten Lectures on Judgement and Inference*, London and New York: Macmillan, 1895.)(中译本:《名学要义》,萧宗训译,上海大东书局 1935 年版。)

《社会问题的各个方面》(*Aspects of the Social Problem*, London: Macmillan, 1895.)

《柏拉图〈理想国〉指南》(*A Companion to Plato's Republic for English Readers: Being a Commentary Adapted to Davies and Vaughan's Translation*, New York/London: Macmillan, 1895.)

《关于国家的哲学理论》(*The Philosophical Theory of the State*, London: Macmillan, 1899; 4th ed., 1923.)(中译本:《关于国家的哲学理论》,汪淑钧译,商务印书馆 1995 年版。)

《道德自我的心理学》(*Psychology of the Moral Self*, York/London: Macmillan, 1897.)

《个体性的原则与价值》(*The Principle of Individuality and Value. The Gifford Lectures for 1911 Delivered in Edinburgh University*, London: Macmillan, 1912.)

《个体的价值与命运》(*The Value and Destiny of the Individual. The Gifford Lectures for 1912 Delivered in Edinburgh University*, London: Macmillan, 1913.)(中译本:《个体的价值与命运》,李超杰、朱锐译,商务印书馆 2012 年版。)

《心灵及其对象间的区分》(*The Distinction between Mind and its Objects. The Adamson Lecture for 1913 with an Appendix*, Manchester：University Press，1913.）

《美学三讲》（*Three Lectures on Aesthetic*，London：Macmillan，1915.）（中译本：《美学三讲》，周煦良译，上海译文出版社 1983 年版。）

《社会与国际理想：作为爱国主义的研究》（*Social and International Ideals：Being Studies in Patriotism*，London：Macmillan，1917.）

《伦理学的若干建议》（*Some Suggestions in Ethics*，London：Macmillan，1918；2nd ed.，1919.）

《内涵及线性推理》（*Implication and Linear Inference*，London：Macmillan，1920.）

《什么是宗教》（*What Religion Is*，London：Macmillan，1920.）

《当代哲学各极端的交汇》（*The Meeting of Extremes in Contemporary Philosophy*，London：Macmillan，1921.）

《心灵本性三论》（*Three Chapters on the Nature of Mind*，London：Macmillan，1923.）

《科学与哲学及其他论文》（*Science and Philosophy and Other Essays by the Late Bernard Bosanquet*，J. H. Muirhead and R. C. Bosanquet eds.，London：Allen and Unwin，1927.）

两本新近编辑的鲍桑葵著作：

The Philosophical Theory of the State and Related Essays by Bernard Bosanquet, with Introductions, notes, and annotations by William Sweet and Gerald F. Gaus eds., Bristol, UK: Thoemmes Press/South Bend, IN: St Augustine's Press (distributed by University of Chicago Press), 2001.

Essays in Philosophy and Social Policy, 1883-1922, William Sweet ed., Vol. 3, Bristol, UK: Thoemmes Press, 2003.

鲍桑葵的早期未刊论文可见：

Unpublished Manuscripts in *British Idealism; Political Philosophy, Theology and Social Thought*, Colin Tyler ed., Vol. 2, Bristol: Thoemmes Press, 2005; reprinted, Exeter: Imprint Academic, 2008.

二手文献

Acton, H. B., "The Theory of Concrete Universals", *Mind* (New Series), 1936/1937, 45: 417-431; 46: 1-13.

——, "Bernard Bosanquet", *The Encyclopedia of Philosophy*, Paul Edwards ed., New York: Macmillan, 1967, 1: 347-350.

Allard, James, "Bosanquet and the Problem of Inference", in W. Sweet, ed., *Bernard Bosanquet and the Legacy of British Idealism*. Toronto: University of Toronto Press, 2007, pp. 73-89.

Armour, Leslie, "The Dialectics of Rationality: Bosanquet, Newman and the Concept of Assent", in *Rationality Today*, Ottawa: University of Ottawa Press, 1979, pp. 491-497.

——, "Moral and Economic Socialism; Bosanquet, the Economy, and 'the Citizen Mind' ", *Bradley Studies*, 2000, 6: 18-45.

Beardsley, Monroe C., *Aesthetics from Classical Greece to the Present*, New York: Macmillan, 1966.

Bedau, Hugo Adam, "Retribution and the Theory of Punishment", *Journal of Philosophy*, 1978, 75: 601-620.

Bosanquet, Bernard, "The Reality of the General Will", *Interna-*

tional Journal of Ethics IV, 1893-1894, pp. 308-321 (reprinted in *Aspects of the Social Problem*, London: 1895, and in *Science and Philosophy and Other Essays*.)

Bosanquet, Bernard, A. S. Pringle-Pattison, G. F. Stout, and Lord Haldane, "Do Finite Individuals Possess a Substantive or Adjectival Mode of Being?", *Proceedings of the Aristotelian Society*, n. s. XVIII (1917-1918): 479-506; reprinted in *Proceedings of the Aristotelian Society*, suppl. 1: 75-194.

Bosanquet, Helen, *Bernard Bosanquet: A Short Account of his Life*, London: Macmillan, 1924.

Boucher, David, "British Idealism, Imperialism and the Boer War", *History of Political Thought*, 2020, 41: 325-348.

Boucher, David and Andrew Vincent, *British Idealism and Political Theory*, Edinburgh: Edinburgh University Press, 2001.

Boucher, David, James Connelly, Stamatoula Panagakou, William Sweet, and Colin Tyler, "British Idealism and the Political Philosophy of T. H. Green, Bernard Bosanquet, R. G. Collingwood, and Michael Oakeshott", *British Journal of Politics & International Relations*, 2005, 7: 97-125.

Bradley, A. C., "Bernard Bosanquet (1848-1923)", *Proceedings of the British Academy*, 1921-1923, X: 563-575.

Bradley, James, "Hegel in Britain: A Brief History of British Commentary and Attitudes", *The Heythrop Journal*, 1979, 20: 1-24; 163-182.

Broad, C. D., "The Notion of a General Will", *Mind* (n. s.), 1919, 28: 502 – 504.

——, "Critical Notice of *Implication and Linear Inference*", *Mind* (n. s.), 1920, 29: 323-338.

Brooks, Thom, *Punishment and British Idealism*, New York: Palgrave Macmillan, 2010.

Bussey, Gertrude Carman, "Dr. Bosanquet's Doctrine of Freedom", *Philosophical Review*, 1916, XXV: 711 – 719; 728-730.

Carr, H. Wildon, "Mr Bosanquet on Croce's Aesthetic", *Mind* (n. s.), 1920, 29: 207-211.

Carritt, E. F., *Morals and Politics: Theories of their Relation from Hobbes and Spinoza to Marx and Bosanquet*, Oxford: Oxford University Press, 1935.

Carter, Matt, "Ball, Bosanquet and the Legacy of T. H. Green", *History of Political Thought*, 1999, 20: 674-694.

Cole, G. D. H., "Loyalties", *Proceedings of the Aristotelian Society* (n. s.), 1925 – 1926, XXVI: 151-170.

Collini, S., "Hobhouse, Bosanquet and the State: Philosophical Idealism and Political Argument in England: 1880-1918", *Past and Present*, 1976, 72: 86-111.

——, "Sociology and Idealism in Britain: 1880-1920", *Archives Européennes de Sociologie*, 1978, 19: 3-50.

Connelly, James, "Sweet, Bosanquet and 'the Hindrance of Hindrances'", *Collingwood and British Idealism Studies*, 2002, 9:

112 - 122.

Crane, Marion Delia, "Dr. Bosanquet's Doctrine of Freedom", *Philosophical Review*, 1916, XXV: 719-728.

——, "The Method in the Metaphysics of Bernard Bosanquet", *Philosophical Review*, 1920, XXIX: 437-452.

Crane(Carroll), Marion, *The Principles of Absolutism in the Metaphysics of Bernard Bosanquet*, New York Ph. D. Thesis in Philosophy, Cornell University. (Reprinted in 1921, "The Principle of Individuality in the Metaphysics of Bernard Bosanquet", *Philosophical Review*, XXX: 1 - 23 and "The Nature of the Absolute in the Metaphysics of Bernard Bosanquet", *Philosophical Review*, XXX: 178-191)

Crossley, David, "The Unified Theory of Punishment of Green and Bosanquet", *Bradley Studies*, 2004, 10: 1-14.

Cunningham, G. Watts, "Bosanquet on Teleology as a Metaphysical Category", *Philosophical Review*, 1923, XXXII: 612-624.

——, "Bosanquet on Philosophic Method", *Philosophical Review*, 1926, XXXV: 315-327.

——, *The Idealist Argument in Recent British and American Philosophy*, New York: The Century Co., 1933.

den Otter, Sandra, *British Idealism and Social Explanation: A Study in Late Victorian Thought*, Oxford: Clarendon Press, 1996.

Dewey, John, "Review of *a History of Aesthetic*", *Philosophical Review*, 1893, II: 63-69.

Dockhorn, Klaus, *Die Staatsphilosophie des Englischen Idealis-*

mus, Köln/Bochum-Langendreer: Heinrich Poppinghaus O. H. G., 1937. (Bosanquet is discussed on pp. 61-116)

Emmet, Dorothy, "Bosanquet's Social Theory of the State", *The Sociological Review*, 1989, 37: 104-127.

——, *Outward Forms, Inner Springs: A study in Social and Religious Philosophy*, Basingstoke: Macmillan Press/New York, NY: St. Martin's Press, 1998.

Feinberg, Walter, *A Comparative Study of the Social Philosophies of John Dewey and Bernard Bosanquet*, Ph. D. Thesis in Philosophy, Boston University, 1966.

Ferraris, M., *Introduction to New Realism*, London: Bloomsbury, 2014.

Fisher, John, "The Ease and Difficulty of Theory", *Dialectics and Humanism*, 1976, 3: 117-124.

Gaus, Gerald, *The Modern Liberal Theory of Man*, Canberra: Croom Helm, 1983.

——, "Green, Bosanquet and the Philosophy of Coherence", in *Routledge History of Philosophy, Vol. 7—The Nineteenth Century*, C. L. Ten ed., London: Routledge, 1994.

——, "Bosanquet's Communitarian Defense of Economic Individualism: A Lesson in the Complexities of Political Theory", in *The New Liberalism: Reconciling Liberty and Community*, Avital Simhony and D. Weinstein eds., Cambridge: Cambridge University Press, 2001.

Gibbins, John R., "Liberalism, Nationalism and the English Idealists", in *History of European Ideas*, 1992, 15: 491-497.

Gilbert, K., "The Principle of Reason in the Light of Bosanquet's Philosophy", *Philosophical Review*, 1923, XXXII: 599-611.

Ginsberg, Morris, "Is There a General Will?", *Proceedings of the Aristotelian Society*, 1919 – 1920, XX: 89-112.

Grygienc, Janusz, "The General Will and the Speech Community: British Idealism and the Foundations of Politics", *British Journal for the History of Philosophy*, 2018, 26: 660-680.

Harris, Frederick Philip, *The Neo-Idealist Political Theory: Its Continuity with the British Tradition*, New York: King's Crown Press (Ph. D. Thesis, Columbia University), 1944.

Haldar, Hiralal, *Neo-Hegelianism*, London: Heath Cranton, 1927.

Hamilton Grant, Iain, "Everything", *Monist*, 2015, 98: 156-167.

Hobhouse, Leonard T., *The Metaphysical Theory of the State*, London: George Allen & Unwin, 1918.

Hoernlé, R. F. A., "Bernard Bosanquet's Philosophy of the State", *Political Science Quarterly*, 1919, 34: 609-631.

Hogdson, S. H., "Bernard Bosanquet's Recent Criticism of Green's Ethics", *Proceedings of the Aristotelian Society*, 1901-1902, II: 66-71.

Houang, François, *De l'humanisme á l'absolutisme: l'évolution de la pensée religieuse du néo-hegelien anglais Bernard Bosanquet*, Paris: Vrin, 1954.

——, *Le néo-hegelianisme en Angleterre: la philosophie de Ber-*

nard Bosanquet(1848-1923), Paris: Vrin, 1954.

Jacobs, Ellen, *Bernard Bosanquet: Social and Political Thought*, Ph. D. Thesis, City University of New York, 1986.

Jacquette, Dale, "Bosanquet's Concept of Difficult Beauty", *Journal of Aesthetics and Art Criticism*, 1984, 43: 79-88.

Kobayashi, Chinatsu, " Bosanquet, Collingwood et l'esthétique idéaliste britannique", *Philosophiques*, 2009, 36: 149-182.

Lang, Berel, "Bosanquet's Aesthetic: A History and Philosophy of the Symbol", *Journal of Aesthetics and Art Criticism*, 1968, 26: 377-387.

Laski, H., "Bosanquet's Theory of the General Will", *Proceedings of the Aristotelian Society*, 1928, n. s. supp. Vol. VIII: 45-61.

LeChevalier, Charles, *La pensée morale de Bernard Bosanquet (1848-1923): Étude sur l'univers moral de l'idéalisme anglais au 19e siecle*(Thèse complementaire pour le doctorat ès lettres), Paris: Vrin; republished under the title *Éthique et idéalisme: le courant néo-hegelien en Angleterre, Bernard Bosanquet et ses amis*, Paris: Vrin, 1963.

Lejeune, Guillaume, "From the Bankruptcy of Relations to the Reality of Connections: Language and Semantics in Bradley and Bosanquet", *British Journal for the History of Philosophy*, 2018, 26: 700-718.

Lindsay, A. D., "Sovereignty", *Proceedings of the Aristotelian Society*, 1923-1924, XXIV: 235-254.

——, "Bosanquet's Theory of the General Will", *Proceedings of the Aristotelian Society*, 1928, n. s., supp. Vol. VIII: 31-44.

MacAdam, James I., "What Rousseau Meant by the General Will", in *Rousseau's Response to Hobbes*, Howard R. Cell and James I. MacAdam eds., New York: Peter Lang, 1988, pp. 152-153. (This chapter originally appeared as an article in 1966-1967, *Dialogue*, 5: 498-515)

McBriar, A. M., *An Edwardian Mixed Doubles: The Bosanquets versus the Webbs; A Study in British Social Policy (1890-1929)*, Oxford: Clarendon Press, 1987.

MacEwen, Philip, "Does Morality Depend on Religion? A Response to Bosanquet and Rachels", *Idealistic Studies*, 1999, 29: 53-74.

MacIntyre, Alasdair, "The Privatization of the Good", *The Review of Politics*, 1990, 52: 344-61.

MacIver, R. M., *Community : A Sociological Study*, New York: Macmillan, 1917. (Esp. Appendix A, "On the individual, the association, and the community", pp. 421-425, and Appendix B, "A Criticism of the Neo-Hegelian Identification of Society and the State", pp. 425-433)

——, *Politics and Society*, David Spitz ed., New York: Atherton Press, 1969. (Contains letters between Bosanquet and Maclver on the distinction between society and the state)

Mander, W. J., "Bosanquet and the Concrete Universal", *Modern Schoolman*, 2000, 77: 293-308.

——, "Life and Finite Individuality: The Bosanquet/Pringle-Pattison Debate", *British Journal for the History of Philosophy*, 2005, 13: 111-130.

——, *British Idealism: A History*, Oxford: Oxford University Press, 2011.

——, "New Conceptions of Transcendence in the Thought of the British Idealists", *History of European Ideas*, 2017, 43: 241-250.

Marcuse, Herbert, *Reason and Revolution: Hegel and the Rise of Social Theory*, 2nd edition, Boston: Beacon Press, 1960.

Mathew, M. C., "Bosanquet's Logical Theory", *Philosophical Quarterly (India)*, 1942, 17: 314 – 324.

McGuinness, B. F., 1988, *Wittgenstein: A Life-Young Ludwig, 1889-1921*, London: Duckworth.

McTaggart, J. M. E., *Studies in Hegelian Cosmology*, Cambridge: Cambridge University Press, 1901.

Meadowcroft, James, *Conceptualizing the State: Innovation and Dispute in British Political Thought (1880-1914)*, Oxford: Clarendon Press, 1995.

Metz, Rudolf, *Die philosophischen Stromungen der Gegenwart in Großbritannien*, Leipzig: Felix Meiner Verlag, 1935. (*A Hundred Years of British Philosophy*, J. W. Harvey, T. E. Jessop, and Henry Sturt trans.; J. H. Muirhead ed., London: George Allen & Unwin, 1938)

Milne, A. J. M., *The Social Philosophy of English Idealism*, London: Allen & Unwin, 1962.

Moore, G. E., "The Refutation of Idealism", *Mind*, n. s., 1903,

12: 433-453; reprinted in his *Philosophical Studies*, London: K. Paul, Trench, Trubner & Co, 1922, pp. 2-30.

Morigi, Silvio, "Bosanquet, Temple and Collingwood: 'Penetrative Imagination' and 'Essential Symbol' in Aesthetic and Religious Experience", *Bradley Studies*, 2001, 7: 214-230.

Morrow, John, "Liberalism and British Idealist Political Philosophy: A Reassessment", *History of Political Thought*, 1984, 5: 91-108.

——, "Ancestors, Legacies and Traditions: British Idealism in the History of Political Thought", *History of Political Thought*, 1985, 6: 491-515.

——, "Community, Class and Bosanquet's 'New State'", *History of Political Thought*, 2000, 21: 485-499.

Morris-Jones, Huw, "Bernard Bosanquet", *International Encyclopedia of the Social Sciences*, David L. Sills ed., New York: The Free Press, 1968, 2: 131-134.

Moser, Claudia, *Die Erkenntnis-und Realitätsproblematik bei Francis Herbert Bradley und Bernard Bosanquet*, Würzburg: Königshausen & Neumann, 1989.

Mowat, Charles L., *The Charity Organization Society, 1869-1913: Its Ideas and Work*, London: Methuen, 1961.

Muirhead, J. H. ed., *Bernard Bosanquet and his Friends*, London: George Allen&Unwin, 1935.

Nicholson, Peter P., "Philosophical Idealism and International Politics: A Reply to Dr. Savigear", *British Journal of International*

Studies, 1976, 2: 76-83.

——, *The Political Philosophy of the British Idealists: Selected Studies*, Cambridge: Cambridge University Press, 1990.

O' Sullivan, Noel, *The Problem of Political Obligation*, New York: Garland, 1987.

Oakeshott, Michael, "Review of Bertil Pfannenstill, Bernard Bosanquet's Philosophy of the State", *Philosophy*, 1936, 11: 482-483.

Pant, Nalini, *Theory of Rights: Green, Bosanquet, Spencer, and Laski*, Varanasi: Vishwavidyalaya Prakashan, 1977.

Parker, Christopher, "Bernard Bosanquet, Historical Knowledge, and the History of Ideas", *Philosophy of Social Science*, 1988, 18: 213 – 230.

Perricone, Christopher, "On Difficulty, Elitism, and Friendship in Art", *Journal of Aesthetic Education*, 2018, 52: 106-123.

Pfannenstill, Bertil, *Bernard Bosanquet's Philosophy of the State*, Lund: Hakan Ohlsson, 1936.

Primoratz, Igor, "The Word 'Liberty' on the Chains of Galley-Slaves: Bosanquet's Theory of the General Will", *History of Political Thought*, 1994, 15: 249-267.

Pucelle, Jean, *L'idéalisme en Angleterre de Coleridge à Bradley*, Neuchâtel: Ed. de la Baconnière, 1955.

Quinton, Anthony, "Absolute Idealism", *Proceedings of the British Academy*, 1971, LVII: 303-329.

Randall, J. H., Jr., "Idealistic Social Philosophy and Bernard Bosanquet", *Philosophy and Phenomenological Research*, 1966, XXVI: 473-502. (Reprinted in *The Career of Philosophy*, New York: Columbia University Press, 1977, 3: 97-130)

Robbins, Pete, *The British Hegelians: 1875-1925*, New York: Garland Publishingr, 1982.

Robinson, Jonathan, "Bradley and Bosanquet", *Idealistic Studies*, 1980, 10: 1-23.

Russell, Bertrand, C. Delisle Burns, and G. D. H. Cole, "The Nature of the State in its External Relations", *Proceedings of the Aristotelian Society*, 1915-1916, n.s. Vol. XVI: 290-310. (A round table, with a discussion of Bosanquet's theory of international politics)

Sabine, George, "Bosanquet's Theory of the Real Will", *Philosophical Review*, 1923, XXXII: 633-651.

——, *A History of Political Theory*, 4th ed., Hinsdale, IL: The Dryden Press, 1973. (A discussion and critique of Bosanquet and T. H. Green, pp. 725-753)

Salomaa, J. A., *Idealismus und Realismus in der englischen Philosophie der Gegenwart*, Helsinki: Suomal. Tiedeakat, 1929.

Sell, Alan P. F., *Philosophical Idealism and Christian Belief*, New York: St. Martin's Press, 1995.

Seth Pringle-Pattison, Andrew, *The Idea of God in the Light of Recent Philosophy*, Oxford: Oxford University Press, 1917.

——, "Do Finite Individuals Possess a Substantive or an Adjectival Mode of Being?", in *Life and Finite Individuality*, H. Wildon Carr ed., *Proceedings of the Aristotelian Society*, 1918, supp. I: 103-126.

Simhony, Avital, "The 'Social' is Prior to the 'Political': Bosanquet Revisited(Again)", *Hegel Bulletin*, 2013, 34: 245-268.

Spiller, Gustav, *The Ethical Movement in Britain : A Documentary History*, London: The Farleigh Press, 1934.

Sprigge, T. L. S., *The God of Metaphysics: Being a Study of the Metaphysics and Religious Doctrines of Spinoza, Hegel, Kierkegaard, T. H. Green, Bernard Bosanquet, Josiah Royce, A. N. Whitehead, Charles Hartshorne, and Concluding with a Defence of Pantheistic Idealism*, Oxford: Clarendon Press, 2006.

Stedman, Ralph E., "Bosanquet's Doctrine of Self-Transcendence", *Mind*, 1931, n.s. 40: 161-170; 298-309.

——, "Nature in the Philosophy of Bosanquet", *Mind*, 1934, n.s. 43: 321-334.

Sturt, Henry, *Idola Theatri: A Criticism of Oxford Thought and Thinkers from the Standpoint of Personal Idealism*, London: Macmillan, 1906.

Sweet, William, "Bernard Bosanquet and the Development of Rousseau's Idea of the General Will", in *Man and Nature: L'homme et la nature*, 1991X: 179-197.

——, "Was Bosanquet a Hegelian?", in *Bulletin of the Hegel Society of Great Britain*, 1995, 31: 39-60.

——, "F. H. Bradley and Bernard Bosanquet", in *Philosophy af-*

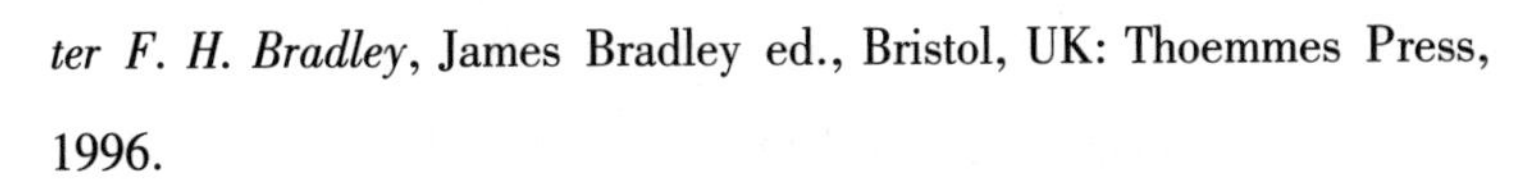

ter F. H. Bradley, James Bradley ed., Bristol, UK: Thoemmes Press, 1996.

——, "'Absolute Idealism' and Finite Individuality", *Philosophical Quarterly (Indian)*, 1997, 24: 431-462.

——, *Idealism and Rights*, Lanham, MD: University Press of America, 1997; paperback ed., 2005.

——, "Bernard Bosanquet and the Nature of Religious Belief", in *Anglo-American Idealism: 1865-1927*, W. J. Mander ed., Westport, CT: Greenwood Press, 2000, pp. 123-139.

——, ed., *British Idealism and Aesthetics* (special issue of *Bradley Studies*) 2001, 7(2).

——, "A. R. Lord and Later British Idealist Political Philosophy", *British Journal of Politics & International Relations*, 2005, 7: 48-66.

——, "God, Sprigge, and Idealist Philosophy of Religion", in *Consciousness, Reality and Value: Festschrift in Honour of Prof. T. L. S. Sprigge*, Leemon McHenry and Pierfrancesco Basile eds., Frankfurt/Paris: Ontos Verlag, 2007, pp. 181-210.

——, "R. F. A. Hoernlé and Idealist Liberalism in South Africa", *South African Journal of Philosophy*, 2010, 29: 118-134.

——, "British Idealism and its 'Empire'", *Collingwood and British Idealism Studies*, 2011, 18: 7-36.

——, "British Idealist Philosophy of Religion", in *Oxford Handbook of British Philosophy in the Nineteenth Century*, W. J. Mander ed., Oxford: Oxford University Press, 2014, pp. 560-584.

——, "Bosanquet's Political Philosophy: Nicholson, and the 'Real Will'", *Collingwood and British Idealism Studies*, 2019, 25: 223-252.

Tallon, Hugh Joseph, *The Concept of Self in British and American Idealism*, Washington, DC: Catholic University of America Press, 1939.

Taylor, Charles, *The Malaise of Modernity*, Toronto: House of Anansi Press, 1992.

Thakurdas, Frank, *The English Utilitarians and the Idealists*, Delhi: Vishal Publication, 1978.

Tsanoff, Radoslav A., "The Destiny of the Self in Professor Bosanquet's Theory", *Philosophical Review*, 1920, XXIX: 59-79.

Turner, Frank M., *The Greek Heritage in Victorian Britain*, New Haven: Yale University Press, 1981.

Tyler, Colin, "This Dangerous Drug of Violence: Making Sense of Bernard Bosanquet's Theory of Punishment", *Collingwood and British Idealism Studies*, 2000, 7: 114-138.

——, "Negotiating the 'Modern Wilderness of Interests': Bernard Bosanquet on Cultural Diversity", *Contemporary Political Theory*, 2002, 1: 157-180.

——, *Idealist Political Philosophy: Pluralism and Conflict in the Absolute Idealist Tradition*, New York: Continuum, 2006.

Ulam, Adam, *The Philosophical Foundations of English Socialism*, Cambridge, MA: Harvard University Press, 1951.

Vincent, Andrew, "The Individual in Hegelian Thought", *Idealistic Studies*, 1982, 12: 156-168.

——, "Citizenship, Poverty and the Real Will", *The Sociological Review*, 1992, 40: 702-725.

Vincent, Andrew and Raymond Plant, *Philosophy, Politics and Citizenship: The Life and Thought of the British Idealists*, Oxford: Basil Blackwell, 1984.

von Trott, A., "Bernard Bosanquet und der Einfluß Hegels auf die englische Staatsphilosophie", *Zeitschrift für Deutsche Kulturphilosophie*, 1938, Band 4, Heft 2: 193-199.

Wahl, Jean, *Les philosophes pluralistes d' angleterre et d' amerique*, Paris: Alcan, 1920.

Watson, John, "Bosanquet on Mind and the Absolute", *Philosophical Review*, 1925, XXXIV: 427-442.

Weldon, T. D., *States and Morals*, London: John Murray, 1946.

White, David A., "Revealment: A Meeting of Extremes in Aesthetics", *Journal of Aesthetics and Art Criticism*, 1970, 28: 515-520.

Willis, Kirk, "The Introduction and Critical Reception of Hegelian Thought in Britain 1830-1900", *Victorian Studies*, 1988, 32: 85-111.

Wilson, Fred, "Bosanquet on the Ontology of Logic and the Method of Scientific Inquiry", in W. Sweet ed., *Bernard Bosanquet and the Legacy of British Idealism*, Toronto: University of Toronto Press, 2007, pp. 267-296.

译后记

尽管国内已有鲍桑葵的《关于国家的哲学理论》《美学史》《美学三讲》《个体的价值与命运》四种著作译本,民国时期也曾有人翻译了他的《逻辑要义》(中译本为《名学要义》),但作为英国观念论的主要代表人物,鲍桑葵在思想史上的意义并未受到重视。鲍桑葵著作宏富,其写作所涉及领域众多,目前所见中译只是其著作体系的一个极小部分。

本书旨在较为系统性地介绍鲍桑葵生平及其思想体系。迄今为止,流行的传记仍是百余年前出自鲍桑葵夫人之手的传记。本书除海伦·鲍桑葵的《鲍桑葵传》外,还收录了几份同时代人有关鲍桑葵思想的论述和对他的回忆,以及《斯坦福哲学百科全书》词条。

《鲍桑葵传》由吴安新教授和杨颖博士合译,附录一由吴安新译出,其余附录由加拿大纽芬兰纪念大学博士生于宜芃译出。感谢加拿大泽维尔大学教授、《鲍桑葵全集》主编威廉·斯威特先生慷慨授予《斯坦福哲学百科全书》“鲍桑葵”词条版权,并耐心解答了翻译中遇到的诸多难题。

译者

2022 年 6 月 27 日

图书在版编目(CIP)数据

鲍桑葵传 / (英) 海伦·鲍桑葵著；吴安新, 杨颖, 于宜芃译. — 北京：商务印书馆, 2023
ISBN 978-7-100-22789-6

Ⅰ. ①鲍… Ⅱ. ①海… ②吴… ③杨… ④于… Ⅲ. ①鲍桑葵(Bosanquet, Bernard 1848–1923)—传记 Ⅳ. ①K835.165.1

中国国家版本馆CIP数据核字（2023）第142931号

鲍桑葵传

〔英〕海伦·鲍桑葵 著
吴安新 杨颖 于宜芃 译

商 务 印 书 馆 出 版
（北京王府井大街36号 邮政编码 100710）
商 务 印 书 馆 发 行
南京新洲印刷有限公司印刷
ISBN 978-7-100-22789-6

2023年9月第1版 开本 889×1194 1/32
2023年9月第1次印刷 印张 7 1/8

定价：39.00元